あかはなそえじ先生の

ひとりじゃないよ

ぼくが院内学級の教師として学んだこと

はじめに

「病気の私たちに学習は必要ないのですか？」

と子どもたちからたずねられたら、なんと答えるでしょうか。

きっと多くの方は「それは必要ですよ。当たり前でしょう」と答えるでしょう。

子どもたちは、たとえ入院をしていても、治療中でも「勉強」のことを気にしています。

そんな子どもたちを見て、多くの大人は言います。

「今は、ゆっくり休んで、しっかり治すときだよ」

教師も言います。

「大丈夫。待っているからね」

私もそう言っていたことがありました。

病気を抱えた子どもたちにとって、学習の目的が、学習の遅れを取り戻すこと、学習の空白をなくすことだとしたら、「元気になってからやればいいよ」が通用するかもしれません。

しかし、病院の中の学校・学級や訪問によって行っている教育は、そこだけを考えているわけではありません。

子どもたちにとって
「学ぶことは、生きること」です。

学ぶことを通して、教科書に書いてあることを理解する以外にも、もっともっと多くのことを、子どもたちは身につけていきます。

特に、病気を抱えた子どもたちにとって、学ぶことが肯定的な自己イメージを持つことにつながります。このイメージを持つことは、辛い治療に向かうエネルギーとなったり、辛い体験を納得のいく物語として紡いでいくベースとなったりします。

今は、私もそう思いながら子どもたちとかかわっていますが、私自身、教師になって数年後、入退院を繰り返している頃はそうではありませんでした。

「病気を抱えて、入院をしている自分はなんて不幸なんだ」と思っていました。勉強や挑戦をするためには、病気ではだめなんだ、と。幸せは病院の外にあるのだ、と。

でも、もしそうだとしたら、病気を抱えながら生活をしている子や入院をしている子は勉強や挑戦はできないのか、幸せではないのか、と考えました。

そうして多くの方々のご尽力のおかげでたどりついたのが、昭和大学病院内「さいかち学級」（品川区立清水台小学校 病弱・身体虚弱児特別支援学級）でした。

この10年間で1300人を超える子どもたちとの出会いがありました。

2、3日のかかわりだった子どもたちもいます。

10年のつき合いになる子どもたちもいます。

本人は旅立ち、ご両親やごきょうだいとのおつき合いが続いているご家族もあります。

そんな出会いのなかで、彼ら、彼女らがたくさんのことを教えてくれます。

「人とのかかわりに大切なこと」

「自分も相手も大切にするために必要なこと」

「教育者として大人として大事にしていかなくてはならないこと」など。

皆さんにお伝えし、一緒に考えることができたらと思います。

これらの大切なことは、決して、病院の中だけのことではないと考えます。

病気を抱えた子どもたちの教育のことだけではないと考えます。

もちろん私は、いわゆる院内学級にいますので、「病気を抱えた子ども」「病気による困難を抱えた子ども」という言い方をしています。

でも、読者の方は、傷つきのある子ども、何かを喪失した子ども、困難な状態にある子ども……など、ご自分の知っている子どもたちを、思い浮かべていただけるとよいなあと思います。

また、私が「病院の中にある学校・学級」「院内学級」とお伝えしたときは、ご自分の学校や学級、病院、職場、家庭やコミュニティーを、思い浮かべていただけるとよいなあと思います。

それは、病気の子どもたちのことでしょう、院内学級のことでしょう、と遠くに置くのではなく、これは共通しているな、アレンジできるな、難しいな、など、ご自分の文化に引き寄せ、翻訳をして、読んでいただけるとうれしいです。

どうぞよろしくお願いいたします。

尚、事例については、意味が変わらない程度に修正をしております。

もくじ

●本書は、学研『教育ジャーナル』2012年4月号〜2015年5月号まで掲載されていたものを、単行本用にまとめたものです。

第1章

院内学級の役割

「院内学級」の役割について

療養中の教育を保障するために

「院内学級」と聞いて、皆さんはどんなイメージを持たれるでしょうか。「病気の子どもたちが通っている学級」「長期に入院している子どもたちがいる」などでしょうか。

「明るい？　暗い？」「楽しい？　悲しい？」……。

実は、「院内学級」という名前は正式な名称ではありません。「病弱・身体虚弱の児童および生徒のために設置された」特別支援学級の中で、病院内に設置されたものの通称です。学校の中にある病弱・身体虚弱特別支援学級や、病弱特別支援学校等の分教室として、病院内に設置されている学級と区別されています。「病院の中にある学校・学級」という言い方もされています。

病気療養児の教育の意義（病弱・身体虚弱学級の役割）については、『病気療養児の教育について』

（1994年　文部科学省通知）で、

○学習の遅れの補完や学力の補償
○積極性・自主性・社会性の涵養《かんよう》
○心理的安定への寄与
○病気に対する自己管理能力
○治療上の効果等（教育の実施は、病気療養児の療養生活環境の質〈ＱＯＬ＝クオリティ・オブ・ライフ〉の向上に資する

と明記されています。

全国に100を超える病弱特別支援学校や1000を超える病弱・身体虚弱特別支援学級があり（平成20年度）、この役割に対し、さまざまな形で教育の保障を行っています。

例えば、下の表は平成23年度のある都道府県の取り組みです。

		籍
病弱特別支援学校	宿舎	転籍・副籍
分教室	病院（固定） 教室あり	転籍・副籍 教育相談
訪問学級（肢体不自由特別支援学校訪問部）	病院　在宅 教室△	転籍・副籍 （教育相談）
健康学園	宿舎	区内在住
院内学級	病院（固定） 教室あり	転籍 教育相談

このような場所で子どもたちは教育を受けることができます。しかし、いちがいに病気といっても、いろいろな病気の併発や障害の重複がある場合もあります。何よりも、医療の進歩や、医療機関の方針による入院の短期化が行われ、「病気を抱える子ども」と言われる児童生徒の多くが、小中学校などに通っています。

「病気について配慮が必要な子どもは、さまざまなところにいる」こと、「病気を抱える子どもたちに対して、『教育は、病気が治ってから受ければよいもの』ではない」ことを、考えていかなければならないでしょう。

教育現場に共通する課題を発信

いきたいな
しゅうぎょうしきもいけなくて
しぎょうしきもいけなくて
ちょっといや
ちゃんとはじめられなくて

ちょっといや
でもここならできる

小学校1年生の女の子が書いてくれました。この子は、2学期の終わりに入院をしてきました。在籍校で終業式ができなかったため、冬休み中に退院をして、3学期は始業式から学校に行きたいと願っていました。しかし、3学期の始業式は院内学級で過ごすことになりました。始業式の後、その子が伝えてくれた言葉を詩にしてもらいました。

「ちょっと……」と伝えてくれた彼女は、「ちょっと」というものではなく、本当にがっかりした表情でした。退院ができなかったこと、病状が回復しなかったことは、誰を責めることもできません。「自分自身がだめだ」という考えを持ちます。そんな子どもたちの自尊心を育むことが大切な役割の一つであると考えています。

子どもたちにとって、「学ぶことは生きること」です。学びを保障する学校は、子どもたちの生活の大部分を占める場所です。入院をしている子どもたちにとっても、それは変わりありません。むしろ、病気を抱える子どもたちにとって、学校はより一層大切な場であり、学びを保障することは必要だと感じます。

　私は、院内学級の担任として配属になってから、たくさんの人たちとのかかわりのなかで、教えていただいたこと、考えさせられたことがたくさんありました。

・個に応じた学習
・少人数でも可能な社会性の発達の保障
・二次的障害や学校不適応への対応
・さまざまな障害をもつ子どもへのかかわり
・トラウマをもつ子どもへのかかわり
・傷つきへの対応
・自尊感情を育む
・疾病への理解
・保護者とのかかわり
・医療スタッフとの連携、コーディネート
・他校の先生との連携

　このような課題に対して、どのような取り組みをしていけばよいか試行錯誤をするなかで、「病弱教育の専門性」について考えてきました。また、病弱教育に携わる先輩方に教えていただいたり、病院のスタッフと協力したりしながら行ってきました。

そしてこれらは、「院内学級の独自の課題ではないのではないか。教育を行う場で、皆が課題に感じていることではないか」ということに気がつきました。私は、17年間小学校の通常の学級で担任をしました。そのことを振り返ってみても、個に応じることや、保護者を支えること、他職種の方たちとチームになることは大切な課題です。

また、東日本大震災をはじめとする大きな災害や犯罪被害などの傷つきを抱えた子どもたちや保護者、同僚にどのようにかかわればよいのかについても、一緒に考えていきたいと思います。

そして、「病弱教育・院内学級の視点」から見えてきたことをお話しすることが、少しでも皆さんのお役に立てたらと考えています。

「それは、やっぱり院内学級でのことだよ」ということもあるかもしれませんが、それぞれの立場で翻訳をしながら、読んでいただけたらうれしいです。

クラウンになってみませんか？
～パッチ・アダムス氏やクラウンK氏との出会い～

「クラウンってなに？」

「クラウン」とは、道化師のことです。赤鼻の……というと、イメージをしてもらえるでしょうか？日本では「ピエロ」という呼び方が、市民権を得ていますね。サーカスクラウンやステージクラウン、戦地に赴くクラウンなど、いろいろなクラウンたちがいます。

そのなかで、病院で出会うクラウンたちがいます。クリニ・クラウン、ケアリング・クラウン、ホスピタル・クラウン……呼び方は、そのクラウンたちが所属している協会によってさまざまですが、病院やお家にいる病気を抱えた子どもたちに会いに来てくれるクラウンたちです。国によっては、最期の看取りに立ち会うクラウンもいます。

Ｄｒ・ハンター・キャンベル・アダムスとの出会い

私が赤鼻をつけ始めたのは、ロビン・ウィリアムズが主演した映画『パッチ・アダムス　トゥルー・ストーリー』という作品を観たことがきっかけでした。映画のストーリー自体もそうですが、このような方が実際にいるということが、衝撃でした。

パッチ（本名ハンター・キャンベル・アダムス）に会いたい。会える機会はないだろうか。探してみたところ、日本に講演に来る情報を見つけました。そして、会いに行きました。直接お話をすることはできませんでしたが、彼の姿やお話からエネルギーをもらいました。

そのとき、赤鼻を手に入れたのです。

教室で、赤鼻をつけようと考えました。『パッチ・アダムス』やイエン・タウン・フールズ（日本のクラウン・デュオ）の映像を何度も見て、格好や動きを学びましたが、初めて教室で赤鼻をつけたときのクラスの子どもたちの反応は、「……」でした。

難しいなあと思っていたときに、救われたひと言がありました。たまたま、私の学級を見に来てくれていた、東南アジアの国々の留学生たちでした。

「Clown!　and　Teacher! You are the great Teacher!」と。

「クラウン」のステイタスは国によって異なります。彼らの国では「クラウン」は憧れの存在だというのです。その話を聞き、「クラウン」を学びたいと思いました。しっかりとしたクラウンの勉強をしたいと思い、クラウンK（大棟耕介氏）の教えを受けに行きました。それが、ホスピタル・クラウンでした。

名古屋にあるクラウン集団「プレジャーB」の方々に、一から教えていただき、ホスピタル・クラウンとして、病院での研修も体験することができました。

「Watcher or Doer ?」

そんな頃、また、パッチ・アダムス氏が日本に来るという情報が入りました。なんと、関東で、病院や老人ホーム、養護施設を回るツアーに来るとのこと！

すぐに申し込みをしました。そのときの私は「教師」と「クラウン」を、自分の中で天秤にかけていたのです。

実際に、パッチ・アダムス氏にお会いし、一緒に活動をしました。

たくさんの学びがありました。

その一つが「彼は赤鼻をつけて道化をしているが、立ち位置は、ドクターである」ということ。

自分の中で「私は教師である」という立ち位置を確認できた瞬間でした。

もう一つは「異文化でもわかり合える」ということ。「英語が話せないから」「クラウンとして未熟だから」……彼といると、そんなことはとても小さいことに感じられました。

そしてもう一つは「私は、Doer である」ということ。

パッチ・アダムス氏やクラウンたちと、ツアー中にホテルのビッフェで食事をしていました。その日は、中秋の名月の前日。その話をしたときに、パッチ氏が言いました。

「ツアーの最終日、みんなで MOONING をしよう！」と。MOONING とは、お尻を出すことです。おむつのムーニーマン（ユニ・チャーム株式会社）は、ここから来ているのかもしれませんね……と思いました。

「人前でお尻を出す！」そんなことは、とてもできません。でも、パッチ氏は一人ひとりに言いました。

「おまえは、Watcher なのか？　それとも Doer なのか？」と。

「お尻を出すのか？　出さないのか？」と言われたら、ノーと答えていたかもしれません。

「Watcher or Doer?（見る人なのか行動する人なのか？）」と言われたのです。自分の番になったとき、思わず「Doer!」と答えていました。ツアー最後の日、私は Doer になりました。

そのときから、私は、それまで以上に、人前で「失敗」や「おばか」を見せられるようになりました。

それに加えて、できるようになったことがあるのです。

それは、落ちているゴミを拾うこと、倒れている自転車を立てること、バスの中で席を譲ること、エレベーターで遊んでいる子に声をかけること、電車の中で騒いでいる高校生に声をかけること……。それもできるようになりました。

いつも必ずできるわけではありません。別の気持ちが顔を見せてくるときもたくさんあります。

でも、そんなときに思うのです。

「ぼくは、Doer である」と。

パッチ氏はそこまで考えて、伝えてくれたのかなと考えています。

クラウンたちが教えてくれた大切なこと

その後も、機会があるごとに、パッチ・アダムス氏とクラウンＫ氏からは、多くのことを教わってきました。

クラウンＫ氏から教わった大切なことは、

「下に潜り込んで持ち上げる」

「空気を変える」
「スキルを持つこと」などでした。

ほかにも多くのクラウンたちから、大切なことを教わりました。

その教えのなかに、教師が身につけておくととても有効だと思われることを、たくさん見つけることができました。

「初対面の相手との関係づくり」
「子ども自身が主役だと思えるかかわり方」
「雰囲気を変える」
「ちかづく　かかわる　はなれる」
「相手が笑顔になる方法」などなど。

最近は「あかはなそえじの教師のためのクラウンワーク！」と題して、教職大学院や特別支援学校、自治体の教育センターの研修などで、ワークショップを行っています。

異なる文化の世界でも大切にしていることはとても近いようです。

皆さんもぜひ、クラウンワークを体験してみませんか？

きっと、すてきなお土産ができると思うのです。

【参考資料】副島賢和「相手を大切にすること－笑いの力をかりて」【近藤卓／編著『基本的自尊感情を育てるいのちの教育』（金子書房、2014年）】、パッチ・アダムス／著　高田佳子／訳・構成『ケアすること、愛すること』（晩成書房、2007年）、大棟耕介／著『ホスピタルクラウン 病院に笑いを道化師』（サンクチュアリ出版、2007年）

第2章

院内学級の子どもたち

院内の子どもの生活について

『ひま』は嫌だぁ～

自分や家族、教え子に入院の経験がある場合を除いて、入院をした子どもたちがどのような生活を送っているのか、知っている方は少ないでしょう。

下の表は、入院している一般的な子どもの一日です。治療のための入院ですから、たくさんの安静が求められます。子どもたちは、一日のほとんどを自分のベッドの上で過ごします。病状によっては、ベッドから動くことさえできません。

7:00	起床
7:30	朝食・服薬
	朝食後　点滴・処置・検査
12:00	昼食・服薬
	昼食後　安静
15:00	おやつ
	安静・お見舞い
17:30	夕食・服薬
	安静・お見舞い
20:00	面会時間終了
21:00	消灯

細い矢印は「ひま」、太い矢印は「ひま、ひま !!」

初めのうちは、ベッドの上で「う〜ん……」となっていたのが、ある程度回復してくると、第二の敵が現れます。それは「ひま」です（『大造じいさんとガン』の大造じいさんではありません）。子どもたちのベッドサイドの棚には、いちおう学習用具が置いてあります。進学塾の問題集が並んでいることもあります。でも、ほとんどの子どもたちは、食事とおやつと睡眠以外は、ゲームをするかマンガを読むかして過ごしています。病棟によってゲームの時間が決まっているところもあるそうですが、子どもたちはただただ「ひま」をつぶすためにゲームをしています。起きる時間も寝る時間も、なんとなくルーズになっていきます。

そんな頃に、院内学級の話をしてもらっています。そうなのです。入院当日に、院内学級の説明をしたり、院内学級の担任がかかわったりということは、ほとんどありません。ある程度、病状が落ち着いたり、見通しが持てたりした子や「ひま〜」と叫んでいる子に対して、病棟スタッフから「この病院には、学校があるんだけど行ってみない？」との声かけをしてもらっています。それでも、ほとんどの子どもたちは「え、学校？　嫌だ……」と言うそうです。

もちろん、その子が病棟にいるうちから、私たちは顔を出し、かかわりを始めています。そうして顔見知りになっておくと、院内学級に対する不安も少なくなるようです。

初めは恐る恐る学級に来てくれた子どもたちが、「院内学級に通う」ということを入院生活の中に位置づけるようになります。26ページの表の太い矢印の時間に、院内学級での時間や担任のかかわりが入るようになります。子どもによっては、ふだんの学校に行くように、着替えて、時間割をそろえて、教室に来てくれます。起床や就寝の時間を守るようにもなるそうです。生活リズムを整えることにも、院内学級はお役に立てているようです。

子どもからのメッセージ

ある日、一人の女の子が入院をしてきました。仮に小学校5年生のAさんということにしましょう。体の不調を訴えて、検査も含めての入院です。女子部屋のいちばん手前のベッドに彼女はいました。カーテンの中にお母さんが一緒にいる気配があり、ドクターや看護師から、入院・治療について説明を受けていることが、病室前の廊下を歩いている私にも伝わってきました。

数日後、病棟のスタッフから相談がありました。「彼女は、本当によい子で、不平や不満を全く言わないんです。心配で……。紹介をするので会っていただけますか？」と。

「不平や不満を言わないとしたら、普通はありがたいだろうに、さすがだなあ」と思いました。初めて病室でAさんに会ったとき、具合が悪いはずなのに、体を起こして、笑顔で応対してくれました。次に病室に行ったときも、学習の手を止めて、「はい」と丁寧に受け答えをしてくれました。

こちらが痛々しいと感じるほどに。きっと、学校でも自宅でも、いわゆる「よい子」なのだろうと思いました。具合の悪いときでさえそうなのですから。

Ａさんがドクターの許可を得て、教室に来てくれました。席に着き、笑顔で担任の言うことに従ってくれます。「はい」以外は、首をちょこっと傾けて、「いいえ」の合図を送ってくれるような感じです。そこで、「これを読んで、心に残ったり、気になったりした詩に付箋を貼ってくれるかな」と、何冊かの詩の本を手渡しました。ある程度付箋を貼り終えたとき、Ａさんの疲れ具合を見たうえで、「もしエネルギーが残っていたら、このうちの一つを選んで清書をしてみない？」と伝えました。

Ａさんが清書をしてくれた詩です。

手紙

鈴木　敏史

ゆうびんやさんが　こない日でも
あなたに　とどけられる
手紙はあるのです
ゆっくり　過ぎる

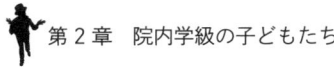

雲のかげ
庭にまいおりる
たんぽぽの　わた毛
おなかをすかした
のらねこの声も
ごみ集めをしている人の
ひたいの汗も……

みんな　手紙なのです
読もうとさえすれば

ジュニアポエム シリーズ・No1・『星の美しい村』・
鈴木敏史著（銀の鈴社、1974年より）

本当のところ、どう思っていたかはわかりません。しかし、たとえ言葉として表現しなくても、彼女からのメッセージをたくさん受け取るかかわりをしたいと思いました。

このような経験をした子どもたちが、学校・学級に戻っていきます。退院後、健康状態がよくなって戻るのですが、慢性疾患のために入退院を繰り返す子どもが増えていることや、病気・入院という体験に傷つきを抱えた子どもたちがいることを知っていただけたらと思います。

子どもたちが失っていくもの

病気を抱える子どもたちや入院をしている子どもたちが失っていく、二つの「K」があります。

失っていく二つの「K」とは？

院内学級や病棟での子どもたちとのかかわりのなかで教わったことの一つに「喪失感」があります。病気、けが、入院……ということを通して、子どもたちはたくさんのものを失っていきます。

そのうちの大切な二つとは「感情」と「関係性」だと考えています。

「入院児の不安」の構造

○将来への不安

○孤独感
○治療恐怖
○入院生活不適応感
○とり残される焦り
（谷口・2009）

これは、長期に入院をした子どもたちがどのようなことに不安を感じているかを、山梨大学の谷口明子先生（現東洋大学教授）が示してくれたものです。どの不安を感じても、辛さや悲しみや怒りなどの、いわゆるネガティブといわれる感情が出てくることでしょう。

病気療養児への入院の影響
○見知らぬ環境
○分離体験
○見知らぬ人との出会い
○制限
○苦痛

【参考資料】『長期入院児の心理と教育的援助　院内学級のフィールドワーク』（谷口明子著、東京大学出版会刊、2009年）

○受身的存在の期待
○家族関係の変化
（奥山・２００７）

これは、病気療養をしている子どもたちが入院をしたときにどんな影響があるかを、成育医療センターの奥山眞紀子先生が示してくれたものです。子どもたちにとって、それまで自分が築いてきた周りとの関係が次々と変わっていってしまうことがわかります。

感情の喪失

小学校３年生のAさんは、Ⅰ型糖尿病でした。

彼は自分の疾病のために毎日血糖値を測ります。指先に針を刺して血を採り、測定器で数値を見るのです。食事のたびに測定しなければいけないので、一日に5～6回指先に針を刺さなければなりません。数値が芳しくないと、自分で注射をして薬を入れなければなりません。多い日は何回、自分に針を刺すことになるのでしょうか。どんな痛みがあるのか、私もドクターに頼んで測定器を使わせてもらったことがあります。針が刺さる瞬間ももちろん痛いのですが、自分で刺すというのはふだんの注射とは異なる感覚がありました。

【参考資料】『病気を抱えた子どもと家族の心のケア』（奥山眞紀子編、日本小児医事出版刊、2007年）

ある日、測定のために針を刺す瞬間、彼が顔をしかめたため、私は「痛いねぇ」と言いました。すると彼は、「ううん。大丈夫。痛くないよ」と伝えてくれました。そうなのです。彼はこれから毎日この測定を行っていかなければなりません。退院してからもです。自分でできるようになるというのが退院の一つの条件なのです。それなのにその都度、痛いと思っていては、やっていられないでしょう。あれだけ身体を硬くして、顔をしかめているにもかかわらず、頭では痛くないと考えなければならないのです。

彼らはよく「大丈夫」と言います。本当に大丈夫というよりも、おまじないの言葉のように使うときが多いように感じます。そうやって身体が感じていることを押し込め、感情を感じないようにしていくのです。

関係性の喪失

中学生の男子Bさんは、小さい頃から何度も入退院を繰り返しています。ふだん彼は、「お見舞いなんか来なくていい」と言っているお子さんです。母親に対しても、「忙しいんだから早く帰っていいよ」と気遣う子です。

それでも、その日はなんとなく寂しさを感じていたのかもしれません。お見舞いに来てくれた担任の先生と話をしている小学校低学年の男の子のことを、ぼんやりと見ていたので、「ちょっと寂しい？」とたずねました。すると彼は、「別に寂しいってわけじゃないけど。ぼくのことを本気で大切だと思うのなら、今ぼくがどんな状況にあるのか見にこいよ！」と叫んだのです。

学校の教師がお見舞いに来てくれるか、来てくれないかには、とても個人差があります。学校で方針が決まっているわけではなく、担任の裁量の部分だからなのでしょう。ある子には、枕元にクラスのみんなからの文集や色紙が並んでいたり、その日のようすが書かれたシートや宿題のプリントが毎日保護者を通じて届けられたりします。その隣のベッドには、全く学校の気配がない子がいたりもします。

学校にとって、医療施設という所は敷居が高いのでしょうか。「担任の先生は、一度も来てくれなかった」と言って退院する子も多いのが現状です（そういう子たちがかわいそうなので、お見舞いは行かないほうに合わせましょう……とは決してならないでほしいのですが）。

子どもたちにとって、学校・学級は、友達や先生という今までの自分が築き上げてきた大切な関係がある場なのです。入院により、彼らは多くのものを失っていく感覚を持ちます。学校という関係性をもなくすということは、子どもたちにとって、とても辛いことだと感じます。

「喪失感」を感じている子どもたち

何かを失っていくときに感じる感覚は、決して病気を抱える子どもたちだけが味わうものではありません。ふだん、教室にいる子どもたちも、日々、何らかの喪失感を味わうことがあるでしょう。友達とうまくいかなくなったり、わからないことやできないことがあったり、周りの期待に応えられなかったり……。そういう感覚を味わうことが嫌なので、妙に明るく振る舞ったり、相手に対して強く出たり、壁をつくったり、常にビクビクしていたり、そんなようすが見られることがあります。

「自分は自分のままでいていい」という感覚が持てずに、安心できない姿が見られます。「大丈夫」と言うおまじないの言葉だけではもう、自分を支えられない子もいるかもしれません。

存在を置くこと、置いてもらうこと

「え……学校？　なんで……」

「治療のために学校を休んで、家族と離れて、入院をしているのに、なんで学校？　なんで勉強しなくちゃいけないの？」

治療が進み、子どもたちの状態が少しよくなってきたときに、病棟のスタッフさんたちから、「病院の中の学校に行ってみない？」と説明があります。でも、子どもたちの反応は「え？」というものが多いそうです（子どもたちにとって「学校」って一体どんなイメージがあるのでしょう）。

そんな子どもたちと「お近づき」になるために心がけていることがあります。それは、「存在を置くこと、置いてもらうこと」です。そのことが伝わるかかわり方を考えて動いています。

入院をしてきたばかりのとき、子どもたちは不安でいっぱいです。入退院を繰り返している子も、それは同じです。熱があったり、痛みがあったり、治療をしなくてはいけないところがあったり。自分の身体の具合のこと、治療のこと、家族のこと、友達のこと、学校のこと……。ある子が「なんにも考えたくないの！」と叫んだことがあります。そうなのだと思います。

そんなときに現れて、「学校があります」と説明をしようものなら、「そんな場合ではない」と言われ、関係がつくれなくても当然ですよね。体調がよくなかったり、何か心配があったり、大きな悩みがあったり……。

そんなときは、学校のことは後回しになって当たり前でしょう。だから、その時点では直接かかわることはほとんどありません。ただし、何もしないわけではないのです。きっと必要になるときがくるからです。その子やお家の方と病棟の廊下ですれ違うタイミングをつくったり、ほかの子どもたちとかかわっている姿を見せたりと、お子さんの状態に合わせて距離を見つけていきます。

手術を控えているなどで不安が多い場合には、病棟スタッフさんにお願いをして、直接会わせてもらうこともあります（病棟スタッフさんからの情報がとても大きいのです）。なんとなくでもよいので、その子に、院内学級担任の存在を感じてもらえるようにしています。

そして、何よりも大切にしているのは、その子の存在を、私自身の中にしっかりと置くことです。その子が〝ここ〟にいるということを忘れないということです。たとえ、相手の中にこちらの存在がなくても、こちらの中には、その子の存在をしっかりと位置づけることをしています。

その子の好きなこと、得意なことでかかわる

初めてその子とかかわるときは、こちらも緊張をします。私は教師ですから、「学習」のことを子どもとの共通言語としてかかわることはできます。自分のテリトリーの内容なのでこちらの緊張も抑えることができます。でもそれは、子どもにアウェーの感覚を与えることにほかなりません。入院という環境だけでもアウェー感たっぷりなのに、です。

私は決して学習の話をしないのではなく、その子にとって何の話が心地よいのか、夢中になれるのかを考えます。好きなことを探り得意なことの話をします。幸い、ベッドの周りにはその子の好きなものがたくさんあります。本があったり、おもちゃがあったり、小物が置いてあったり、キャラクターものがあったり、好きな色がわかることもあります（もちろん教科書が並んでいることもあります）。折り紙が好きだったら、折り紙をして一緒に過ごしたりもします。ファッションやゲームの話など、私がよく知らないことが大好きなこともあります。そんなときは教えてもらっています。

「あなたのことを教えてください。あなたを大切に思っています」というメッセージを、できるだけたくさん置いてくるようにしています。

近づき方もメッセージです

もう一つ考えて行っていることがあります。それは、近づき方です。どのように近づいていくかは、相手をよく見ながら、いろいろな要素を組み合わせて行います。速さ・高さ・コース・表情・向き・腕の位置・雰囲気・どこまで・声・内容……など要素がたくさんあります。そこに別の誰かがいるということも要素の一つになります。

ホスピタル・クラウンのトレーニングで教わったことを、ある学会のワークショップで「教師のためのクラウンワーク」として紹介する機会をいただきました。参加者の皆さんには、自分の近づき方が相手にどのような影響を与えているかを考えてもらいました。

出会う、近づくというなかで特に気を遣うのは、ベッドの上にいて、ある意味逃げ場のない状態にあるお子さんへの近づき方です。こちら側に、伝えなくてはいけない、伝えたほうがいいはずだと思っていることがあるときほど、相手の状況を見ずに近づいてしまいがちです。相手の安全感・安心感を保障したうえでの出会い方、近づき方を工夫して、次につながるようにかかわっていきたいと思っています。

「な、来てみてよかっただろ！」

子どもの中にこちらの存在を置いてもらえて顔見知りになれた場合、その子が初めて教室に来てくれたときの表情には、緊張と同時にわくわく感が見られます。初めて来た場所とは思えないほどです。うまくつながりができなかったときの表情とは大きく違います。

ある日、小学校１年生の男の子が初めて来てくれました。どんなことをする場所か心配だったのでしょうか。教室に入ることを躊躇して、ドアの前で一瞬立ち止まりました。そのとき、６年生の男の子が教室の中を説明するように彼を招き入れました。午前中の学習が終わり、病棟に戻るエレベーターの中で、６年生の「な、来てみてよかっただろ！」という言葉に「うん。午後もまた来る！」と答えてくれました。出会いをつくるときには、たくさんの人の協力があります。それまでのかかわりが次の出会いを生むのですね。

これらのことは、学校から足が遠のいてしまっている子どもたちとのかかわりにも生かせる大切なことかもしれないと思うのです。

どんな感情も持っていていいんだよ

大切な「不快な感情」の扱い

院内学級に通う子どもたちは、治療や自分の身体のこと、将来や学校のこと、友達や家族のことなど、さまざまな不安を抱えて学級に来てくれます。私たちとのかかわりが深まっていくと、子どもたちは、自分の中にある不安をいろいろな形で表現するようになります。

大きな不安を抱えている子どもほど、自分の不安や恐れ、怒りなどの感情を表出することに抵抗を感じ、むしろそのような感情を「ないもの」として過ごそうとしているようすが見受けられます。また、心的なものが身体症状となって現れる、いわゆる心身症系の子どもたちが増えているという現実もあります。

これらの子どもたちに共通して見られることの一つに、「感情の不適切な扱い」があると考えています。感情の不適切な扱いは、さまざまな不適応行動につながっていきます。

病気療養児でなくとも、「感情（特に不快な感情）」の扱いは大切です。自分の中にこの「不快な感情」がわき上がると、自身にとって大きな危機となってしまうため、子どもたちは〝防衛〟を行います。子どもの心理療法を研究されている東京学芸大学の大河原美以教授は、「子どもたちは、自分の中で起こっている痛みや辛さや不安や恐れなどを感じないようにして生活をしている」と説明しています。

感情に善し悪しはありません

子どもの感情の発達において、子どもたちの感情を、特に「不快な感情」を言語化するようにし、感情の適切な扱い方を伝えるかかわりを心がけています。

病院で子どもたちは、よい患者であることを求められます。ドクターの指示に従い、痛い注射もし、苦い薬も飲み、家族と離れ……きっと、たくさんのネガティブな感情がわき上がってくることでしょう。

学校においても子どもたちは、さまざまな場面でネガティブな感情を味わっていることでしょう。

学校では、うれしい、楽しいといった感情、いわゆるポジティブな感情を出すことはとても喜ばれます。それに対して、悲しい、悔しい、頭にくるなどの感情は、「出さないで」と言われることがあります。「出さないで」ならまだよいのですが、ときには「持つな」というメッセージがくることもあります。

ですから、そのような感情が起きてきても、蓋をして閉じ込めたり、気持ちを別に向けて感じないようにしたりしているのです。しかし、これらの感情は消えてなくなったわけではありません。人の記憶はすごいのです。同じような景色を見たり、音を聞いたり、匂いがしたり、空気を感じたり……。そんなときに、閉じ込めたり感じないようにしたりした感情が、ブワーッとよみがえってくるのです。

しかし、感情に善し悪しはありません。どんな感情も持っていてよいのです。怒りも、悲しみも、喜びも、うれしさも……どんな感情であっても、身体の中にわき上がってきた感情は大切にしてあげてよいのです。ただ、感情の伝え方には、その場や相手にふさわしい伝え方があります。相手や世の中に受け入れられやすい伝え方があります。そして、その伝え方を教えるのは、私たち教師や大人の役目だと思うのです。

まずは、子どもたちの中にわき上がってきた感情を「持っていていいんだよ」と大切に扱ってあげたいと思うのです。

大人自身の感情も大切に

大人は、子どもたちの感情を大切に扱うように言われます。子どもたちのかかわりのモデルになることを求められます。これらのことは、大人の大切な役目の一つです。しかし、ネガティブな感情を受け取ることには、大きなエネルギーが必要です。

例えば、「怒り」をぶつけてくる子どもがいたときです。私自身に対する怒りではなかったとしても、「お前が嫌いだ！」というメッセージが一緒に飛んでくるため、そばで受け止めることはつらくなります。その子どもに対するこちら側の怒りが出てくることもあります。そんなときは、「この子の『願い』はなんだろう」と受け止めるとよいと言われています。

こんな子がいました。あるお子さんが決まった教科の学習になると席に座っていられず、教室から飛び出してしまうのです。廊下の掲示物を破ってしまったり、壁を蹴ったりしてしまう。そんな怒りいっぱいの子どものようすを見たとき、落ち着いてそばにいることができず、その子をつかんで、大きな声で叱責をしてしまう教師がいました。

その教師が、「この子の願いはなんだろう」と考えたときに行き着いたこと。それは「この教科がわからなくて嫌だけど、実は、この子はできるようになりたいのかもしれない。わかるようになりたいのかもしれない」ということでした。「そのように理解をしたとき、今までよりもその子のそばにいられるようになりました」と伝えてくれました。

「悲しみ」をもらったときは、「助けてくれと訴えていることはなんだろう」と受け止めることで、こちらが少し楽になります。感情の向こうにあるメッセージを知りたいと思うのです。

「だったら、私たちの感情はどう扱えばいいの?」

そのとおりですよね。子どもたち同様、私たち大人も教師も、日々の生活の中で、今まで生きてきたなかで、たくさんの傷つきを持っています。しかし、大人自身の傷がむき出しのままでは、子どもたちは気を遣って、自分のことを素直に伝えようとはしてくれません。大人自身に大きな傷があれば、傷ついた子どもたちにしっかりとよりそうことは、余計に難しくなります。

大人自身が、自分の中にわき上がってきた感情を受け取ってもらえる、共感してもらえる人や場を持っているでしょうか。ひとりっきりで、すべてを抱えて生きていくことは本当にしんどいことです。「ケアする人のケアが大切」なのです。

私たち大人が困ったり悩んだりしたときに、「助けて」と言える人や場を持ちたいですね。そのこと自体も子どもたちのモデルとなるはずですから。

エネルギーの変化をしっかり把握する

刻一刻と変化をしています

子どもたちとかかわっていると、「おや？」と思うことがたくさんあります。そのなかの一つが、彼らの持つエネルギーの変化です。

朝、病棟のリーダー看護師さんから子どもたちの状態について情報を聞きます。配慮事項を書いたノートの交換も行っています。おかげで、子どもたちが教室に来てくれたときには、子どもたちの昨夜から朝にかけての状態を把握しています。それでも、廊下で子どもたちの声が聞こえてきたときから、エネルギーの状態を把握することには意識を集中させています。

朝の会で、子どもたちの健康観察を行います。子どもたちから身体や気持ちの状態を聴きます。ときには、夢の話を聴くこともあります。「昨日はよく眠れたのかなあ」とか、「今、この子の心配はどこにあるのだろう」ということを知るためにです。

子どもたち一人ひとりのようすを見て、聴いて、感じて、エネルギーを把握します。退院が間近の子の持つエネルギーと、やっと、さいかち学級に来ることができるようになった子の持つエネルギーは大きく異なります。

強いエネルギーを持つ子の横にいるだけで調子が下がってしまう子もいます。そのため、子どもたちの座る席を変えてみたり（できるだけ、前日と同じ位置に座ってもらうように配慮をしますが……）、教師が間の席に座って強いエネルギーが直接ぶつからないようクッションの役割をしたりします。学習の内容や朝の会で歌う歌をその場で変更をすることもあります。

また、一人の子でも一日のうちや1時間のなかで、エネルギーが大きく変化をします。さっきまでよい状態だったのに、急に痛みや疲れが出ることもよくあることです。そのため、今、取り組んでいる学習や遊びの内容を変えたり、学習や遊びをやめて休憩をしたりしてもらいます。

子どもたちの状態は刻一刻と変化をしています。また、それは周りとの関係でも大きく変わります。基本的に子どもたちは我慢をします。頑張ります。子どもが自分から、体調の悪さを伝えてくれたときは、よっぽど辛いときです。ぎりぎりのときです。教師がそれをそのまま受け取ると、子どもたちは入院をしているんだという大切なことを忘れそうになります。

ですので、何気なくぼんやりと見る格好をしながら、子どもたちのようすには常に注意をし、いつでも対応ができるようにしています。

「守ってあげられずにごめんなさい」

院内学級にボランティアの方が本の読み聞かせに来てくれたことがありました。これは、事前に打ち合わせをしっかりと行うことの大切さをあらためて感じた事例です。

教室に来ることのできた子どもが急に予定より少なくなり、ボランティアの方に申し訳ないという気持ちと、子どもたちにも負担が大きいかもしれない……と、始める前に感じていました。

案の定、途中で、表情が乏しくなり、背中の緊張が高くなった子がいました。「少し疲れたかな？」と聞いたところ、「大丈夫です」の返事。もう少しようすを見ようと思いました。そのあとも、表情が改善しなかったので、「やめようか？」とたずねたところ、黙って首を振りました。

本来ならば、このタイミングで「ありがとうございました。そこまでにしてください」と中断してもらうべきだったと反省しています。事前に打ち合わせをして、「私が合図をしたら、『今日はこの辺でやめておきますね。この本はさいかち学級にお貸ししますので、機会があったら続きを読んでみてくださいね』と言って、読み聞かせを終わらせてください」と伝えておくべきでした。

その子は、その夜、熱を出してしまいました。

子どもたちは、自分のイメージどおり動きたいのです。でも、それができないぐらい体調がよくないのです。イメージどおりの自分に近づけずに、気持ちは余計に落ち込んでいきます。それを味わわせないためにも、子どもたちのエネルギーの変化には細心の注意を払うことが大切であると感じています。

初めて教室に来てくれた小学校高学年の女の子がいました。穏やかな笑顔のすてきな子だと感じていました。初めてということもあり、緊張していたかもしれません。自分のことを積極的に伝えるというようすではありませんでした。そんなときは、もう一人の担任とアイコンタクトを取りながら気をつけて見ています。

それでも、担任二人の意識が病状の重いお子さんと、「私を見て！」という低学年の女の子にいっているときに、彼女のエネルギーがスーッと下がりました。表情や身体の変化をとらえるのが遅れてしまいました。病棟に送っていったところ、ベッドでぐったりするほど疲れはてていました。

学校の教室でも同じようなことがあるのではないでしょうか。気になる子どもやアピールの大きい子に気を取られて、じっと我慢をしている子をあと回しにしてしまうことが……。気をつけなければと思いました。

「回復したのだなあ」

「今日で外来に来るの、おしまいです！」「近くに来たのでちょっと寄ってみました！」……そう言って、学級に寄ってくれる子どもたちがいます。

ほかの子どもたちが病棟に戻った放課後などにですが、子どもはその子一人だけなのに、さいかち学級では、納まりきれないぐらいのエネルギーが充満して、教室がとても狭く感じることがあります。そんなとき、子どもたちは「もうここは自分のいる場所ではないんだな」と感じるようです。「しっかり回復をしたんだなあ」とうれしくなります。

私は朝、本校（院内学級が属している小学校）の玄関で登校してくる子どもたちを迎えます。なかには、朝のかかわりだけでは改善しない、本当に心配になるぐらいエネルギーのない状態で登校してくる子がいます。これでは一日大変だろうなと心配なときは、担任や養護の先生に伝えておくようにしています。

エネルギーの状態をしっかり把握できたときは、トラブルが減るように感じます。少しでも、子どもたちがよい状態で学校生活を送れるように、子どものエネルギーの状態に合ったかかわりができたらと思っています。

病気を受け入れるということ
―物語を紡ぐことの大切さ

「みんなと違う…」

入院している子どもたちも小学校低学年のうちは、「みんなと遊びたいな」「どうして自分だけ我慢しなければならないの」と言いながらも、この治療を続けていければ……、ドクターやお家の人の言うことを聞いていれば……、いつかは治るんだと思って過ごしているようすが見られます。

そして、小学校中学年ぐらい、特に4年生ぐらいになると「自分はみんなと違うかもしれない」という気づきが出てきます。（「10歳の壁」と言われていることがここでも顔を出してきます）

「みんなと違う……」は、「どうして自分だけが……」につながっていきます。「なぜ私だけがこんな目に遭うのか」――とても深い苦しみです。

病気を抱えた子どもたちに大きく影響を与えるものがあります。

○入院、治療が与える影響
○疾病自体が与える影響
○社会が与える影響

の三つです。このことは、子どもたちが、自分自身が抱える病気というものを受け入れ難くさせている要因であると考えています。

入院、治療によって与えられる影響については、ＤＶＤ『プロフェッショナル 仕事の流儀　第Ⅷ期　院内学級教師副島賢和の仕事　涙も笑いも、力になる』（ＮＨＫエンタープライズ）の中にもそのようなシーンがあります。

中学生の女の子が、手術に向かうにあたっての葛藤が描かれています。手術に対する不安や恐怖の訴え方は、一人ひとり違います。それでも、子どもたちからはたくさんのメッセージを受け取ることができます。子どもたちが、治療に向かえるようにエネルギーがたまるかかわりを心がけています。

疾病自体が与える影響もあります。

疾病は多くの痛みを伴います。身体の痛みも心の痛みもあります。これらの痛みは、その疾病が治ったからといっても、簡単に消えるものではありません。病気が完治し、一見、病気を忘れているように見える子どもたちでも、高い熱が出たり、同じようなところが痛くなったり……入院をしたときと同じような状態が再び襲ってきたときに、たくさんのことを思い出します。「また入院をしないといけないかもしれない……」――それはとても怖いことです。

慢性疾患を抱えた子どもたちは、そのような経験を何度も繰り返しています。

ある程度の年齢になると、医療スタッフからも自分の疾病に対して、説明を受けることになります。特に、その疾病とずっとつき合っていかなければならない場合は、治療方針も含めてかなり具体的な話になります。

ある女の子がドクターから説明を受ける場面に同席させてもらったことがあります。彼女はその時間、ボーッとした表情で説明の声を聞いていました。表情一つ変えずに。「わかった?」と聞かれたときだけ、「はい」と返事をして。「聞きたいことある?」とたずねられても、返事は「別にありません」でした。

子どもたちはインターネットを使って、自分の疾病をこっそり調べています。その情報は、決して希望を持たせることばかりではありません。ある意味客観的に、とても冷たく、子どもたちがかなりショックを受けてしまうような内容が書かれていることもあります。

「ぼくはこの病気とずっとつき合っていかないといけないから……」

「どうせ私の病気は完全に治るわけじゃないから……」

確かにそうなのかもしれないですが、それは、自身の病気を受け入れているのとはほど遠い状況です。そのために、治療はもちろん、多くのことに対して無気力になっている姿を見ることがあります。

また、社会が与える影響があります。

病気は、周囲の人たちも不安にさせます。「どのようにかかわってよいかわからない」――正直な気持ちだと思います。知らないということ、中途半端に知っているということが辛い状況を生み出します。それがかかわりに現れ、相手に伝わります。

子どもたちのさみしさが伝わってきます。

「小さいときのけがと思うようにしている」

小学校4年生の男の子と話をしていました。彼は疾病のために、顔に手術の傷があります。

子どもたちにとって、自分の顔や姿が変わることは、本当に大きなことです。顔が腫れたり、髪の毛が抜けたり、傷が目立ったり……。そのようなことは、本当に「恐怖である」と言っても過言ではないと思います。

私は、「いのちの学習」として、子どもたちに受精卵が分裂していく映像を見てもらっていました。そのことを彼と話しているときです。

「ぼく、あの映像見たくないんだ」と伝えてくれました。すばらしい映像だと考え、子どもたちに見せてきた私としては「えっ？」と思いました。彼は、その映像を見ると、自分の疾病がこのときからあったことを思い知らされると言うのです。

「しまった。そうだったのか」と思いました。そんなことを考えたこともなかったからです。

あの映像は、これからも学習の中で使いたいと思っています。

それでも、彼らが表現をしてこなくても、学習の中で、子どもたちに辛い思いを知らず知らずのうちにさせてしまっていることがあるということを考えなくてはいけない、配慮を忘れてはいけない、と思いました。

そのあと、彼が続けてくれた言葉がありました。

「この傷、今はね、覚えていないぐらい小さなときに、けがをしてついたと思うようにしているんだ」

そうなのです。子どもたちは自分なりの物語をつくり、自分の疾病を受け入れようとしているのだと教えてもらいました。

物語を大切に扱う

子どもたちは、自分の力を超えるような出来事に出合ったとき、自分なりの物語を紡ぎます。学校の友達が来てくれたり、自分の病気がすっかり治ったりすることを夢のように語ることもあります。恐怖や不安をお化けのようなもので表したり、希望や期待をヒーロー、ヒロインで表したりと、大人から見たら現実離れしていることもあります。それでも、子どもたちは自分の病気を受け入れ、明日に向かうために物語を紡いでいきます。だからこそ、子どもが紡ぐ物語を大切に扱っていきたいと思うのです。

子どもの物語を大切にする大人のモデル。それは私にとっては、ジブリ作品『となりのトトロ』の登場人物、メイとサツキのお父さんとお母さんです。そのような視点でコラムを書いたことがありました。*参考にしていただけるとうれしいです。

＊連載コラム「宮崎アニメに学んだ大切なこと」（月刊『児童心理』金子書房、2004年10月～2005年9月）

第3章

病気を抱える子どもたちとのかかわり

「さいかち10」と「5つの視点」

「もし大人になれたら……」

院内学級の担任となった4月に出会った女の子が教えてくれたことがあります。彼女は小学校4年生でした。幼い頃から、頭部の手術を繰り返し行ってきました。詩を書くことが好きで、次々とノートに詩を書いていました。「あなたはとてもすてきな詩を書くね」と話しかけた私に、「先生、私ね、もし大人になれたら、詩人になりたいの」と笑顔で伝えてくれたのです。

「え？　もし……」

それまで、「あなたの夢は何ですか？」「そのために、今は何をすべきなのですか？」と教室で子どもたちに突きつけてきた私にとって、大人になることが当たり前でないと感じている子どもがいることを、あらためて認識させてくれた言葉でした。そして、これから私は、そのような子どもたちと向き合っていくのだという覚悟をさせてくれた言葉でもありました。

3年ほど院内学級を担任したとき、多くの子どもたちやそのご家族とかかわるなかで、気づいたことをまとめたいと思いました。そこで当時、一緒に担任を組んでいた山田江里先生と「病気を抱えた子どもたちとかかわるときに、外してはいけない大切なことは何だろう」と話し合い、まとめたものが、62ページの「**さいかち10**」と64ページの「**5つの視点**」です。

今が幸せと感じられるように

「本人・保護者・きょうだいを支えたい。学校関係者・医療スタッフとも支え合いたい」と考えています。そのためには、ケアをする人のケアを忘れてはいけません。連携をすることの基本となることだと思います。

また、子どもたちは、先にある幸せのために頑張るのではなく、今が幸せと感じられるならば、必ず自分の足で前に踏み出してくれると、かかわりを通して感じています。たとえ病気やけがを抱え、入院をし、治療をしていても、子どもたちは、ほかのお子さんと同じように学び続けたい、できるようになりたい、わかるようになりたいと思っています。その気持ちを支えたいと思うのです。

「さいかち10」は、病気を抱える子どもたちに対して考えたものですが、決して病気を抱えた子どもたちに対してだけのものでも、病弱教育の場だけで行うことでもありません。すべてのかかわりの基本だと考えます。

冒頭で紹介した女の子と久しぶりに会いました。彼女も高校生になりました。「大学に行って、英語を学んで、翻訳家になりたい！」という夢に、今回は「もし……」という言葉はありませんでした。とてもうれしく、そして、なんだかホッとしました。

【さいかち10】

1　不安の軽減

子ども自身の不安を軽減させるかかわりを行う。学習に対する不安も見ていく。

2　感情の表出

子どもの感情の発達において、子どもたちの感情を、特に不快な感情を言語化するようにし、感情の適切な扱い方を伝えるかかわりをする。

3　選択の機会

選択の機会は、自主性や自立性の発達に影響を与える。学習や遊びの中で、自分で選ぶ体験ができるかかわりをする。

4　エネルギーの調整

子どものエネルギーの違いを感じ取り、教室の中のエネルギーの偏りを調節する。

5　コミュニケーション能力

友達と一緒に課題に取り組んだり、遊んだりできるようにかかわる。

6　呼吸を意識する

身体の中に滞った空気を吐くことができるようなかかわりをする。笑う、歌うなどの活動を意識してかかわる。

7　痛みの緩和

身体の痛みはもちろん、心の痛みを抱えている子どもを見いだし、その痛みを一時でも忘れられるようなかかわりを行う。

8　自尊感情

自分の身体や能力に何度も裏切られている状態は、自尊感情を損ないやすい。「自分は自分のままでいてもよい」と思えるかかわりを行う。

9　立ち位置

教室や病室のどこに立つかという物理的な位置以上に、子どもたちの目線から物事を理解していくという姿勢が不可欠である。

10　Doingの前にBeing

「何かを行える」「何かができる」ことではなく、「そこに存在していることだけで価値がある」ということを伝えるかかわりをする。

【5つの視点】

○発達を支える

子どもは日々、成長しています。ベッドの上にいても、子どもたちにとって一日一日が大切なのです。

○家族支援の視点を持つ

子どもは家族の笑顔にホッとします。家族を支えることは大切です。また、きょうだいたちにもたくさんのストレスがかかります。配慮が必要です。

○ケアする人のケア

かかわるみんながバーンアウトしないように、関係者同士が支え合うことが必要です。

○教育のユニバーサルデザイン化

病気を抱える子どもの7割は学校にいると言われています。年齢によっては、生命の危機よりも発達の危機を優先するお子さんもいます。情報や手だてを共有化していく必要性を感じます。

○Vision - Mission - Reflection

「理想 - 使命 - 省察」。ＰＤＣＡのサイクルも必要ですが、子どもたちが大人になったときのこと、就学・就職や結婚のことなども考え、長いスパンで子どもたちの成長発達を考えて、かかわっていくことも大切です。

相手を大切にするということ①
―ひとりじゃないよ

「相手を大切にするって、どうするの？」

皆さんは、どんなかかわりをされたときに、「自分は大切にされているなあ」と感じるでしょうか？　教員の研修、保護者の会、医療スタッフの話し合い、企業の研修会などで、「相手を大切にするかかわり」についてお話をする機会をいただけるようになりました。

「相手を大切にするかかわり」というテーマは、決して院内学級の中だけでのものでも、子どもたちだけの問題でもないと感じます。そのなかで、子どもたちの声や詩などのメッセージを紹介し、「相手を大切にしていきたいですね」という話題に対して、「相手を大切にするって、具体的にはどのようにするのですか？」という質問をいただくことがあります。

これは本当に難しいことです。なぜなら、こちらがどれだけ「あなたが大切です」と思ってかかかわっても、その人が大切にしてもらっていると感じなければ、「相手を大切にするかかわり」とは言えないからです。

ソーシャル・サポートという視点があります。自分が相手にサポートを受けている感覚を見るものですが、このことは、学校を楽しく感じる気持ちやストレスに大きく影響を与えます。このソーシャル・サポートも、こちらがどれだけ支えようとしているかではなく、相手自身がどれだけ支えられている感覚を持ってくれるかが大切なのです。

「相手を大切にするかかわり」は、もしかしたら、「相手が大切にされていると感じるかかわり」なのかもしれません。

「自分はひとりじゃない」と思ってもらえるように…

私が考える「相手を大切にするかかわり」は、「自分はひとりじゃないと思ってもらえるかかわり」をすることです。「傍らにいること」「受け止めること」です。具体的な姿としては、「相手のメッセージをしっかりと受け止めること」「話を聴くこと」です。「本人はもちろん、相手の考えや持ち物なども大切に扱うこと」だと考えています。

そのように考え、子どもたちとかかわっています。自分がよかれと思うことも、相手にとって本当によいことなのか、私自身の自己満足のために行っていることではないのか、常に考えるようにしています。

話を聴く…メッセージを聴く

「話を聴く」ということは難しいなと思います。「傾聴」のトレーニングがあるように、聴き方を学ぶ必要があるかもしれません。

「そうですね」という、ソーシャル・スキル教育における話の聴き方の学習があります。子どもたちに行うのはもちろんですが、その体験を、研修会や保護者会、ワークショップなどで参加者にもしていただきます。そこで感じてもらうことの一つに、話を聴いてもらうことの心地よさがあります。話を聴くということは、話の内容はもちろんなのですが、そのときの「感情・心もち」を聴くことが大切です。

ある小学校低学年の子の話です。発達に課題があるといわれるお子さんでした。

教室に来たときに、点滴の跡を見せて、「チクンしたの……」と伝えてくれました。そこでまず、優しく手を持って「痛かったねえ」と伝えたところ、ちょっと涙目になって、「うん」と答えてくれました。そのあと「頑張ったねえ」と伝えると、とてもうれしそうに「○○ちゃん、頑張ったの」と答え、笑顔に戻り、学習に入って行きました。

「点滴をした」ということはもちろんなのですが、「痛かったこと」「頑張ったこと」を聴いてほしかったのだと思いました。もしもそのとき「点滴したんだね。病気を治すのに点滴は仕方ないよね。ぶつけないようにね」と、事実にだけ反応をして伝えていたとしたら、彼のそのあとの行動はきっと違っていたのではないかと思いながら、日々かかわっています。

話を聴いてもらえる、感情を受け取ってもらえるという感覚は、自分のことを大切に思ってもらっているということにもつながっているようです。

～ひとりじゃないよ～

「傍らにいる」「そっとそばにいる」

「自分を大切に思えない」というメッセージをもらうことがあります。

ある中学生の女の子がいました。彼女は、いろいろな人とのかかわりのなかで、食事をとることができなくなりました。院内学級に顔を見せてくれるようになってきていたのですが、身体のことや食事のことになるとどこまで立ち入ってよいのか、どのようにかかわってよいのか、距離を測りかねていました。とても「よい子」なので、笑顔で大人のおしゃべりにつき合ってくれるのですが、こちらが見誤ると、すぐに疲れてしまいます。それでは彼女を大切にしていることにはなりません。

そんなとき、彼女が発する「だって自分のことだから……」という言葉に気がつきました。

彼女は、ベッドサイドでも、私たち院内学級の担任を受け入れて、好きなことや趣味の話などをしてくれるようになりました。それでも、食事のことやその量、治療の進捗状況の話のなかで、これ以上立ち入ってほしくないなと思うときには、ぼそっと「だって自分のことだから……」と話を終えようとするのです。

もちろん、いつもその話題が嫌なのではなく、話をしたいとき、聴いてもらいたいときもあるのです。それでも、これ以上その話題にふれられたくないというときに使う言葉でした。

自分の身体に対する怒りや悲しみ、悔しさを感じます。あきらめに近い感覚が伝わるときもあります。ふだんから穏やかな彼女でも、体調やドクターとの話し合いで、心が大きくうねるときがあります。どうしようもない気持ちをぶつけてくるときもあります。そんなときでも、その子を「ひとりにしないよ」と思うのです。子どもたちの心がいっぱい揺れている傍らに、どかっと腰をおろしていられる力がほしいと思います。

揺れているのは、子どもたちだけではありません。保護者もそうです。病棟のスタッフもそうです。院内学級の同僚もそうです。かかわっている子どもの状態が重篤であればあるほど、周りの人間もしんどさをもらいます。大きく揺れます。こちらの中に、怒りや悲しみがわいてきて、今までのようなかかわりが難しくなることがあります。

そんなときこそ、しんどい思いをしている人の傍らに、そっといられるようになりたいと思っています。そして、相手が「私はひとりぼっちじゃない」と思ってもらえるようにと考えます。

【参考資料】小林正幸・宮前義和 編『子どもの対人スキル サポートガイド～感情表現を豊かにするＳＳＴ』（金剛出版、2007 年）

相手を大切にするということ②
―受容と許容

「そんなに優しくして、大丈夫ですか？」

子どもたちの傍らにいて、声を聴き、思いを大切にし、傷つけないように……。そんなかかわりをしていると、言われることがあります。

「そんなに優しくして、子どもが退院をしたくなくなったらどうするのですか？」

「退院したら、やりたくないことだってきちんとやらなくてはいけない。社会はそんなに甘くないでしょう。大丈夫ですか？」

そんな質問をされるときもあります。

以前は、上手に説明ができなかったのです。もちろんときどき、「退院をしたくない」と言う子どもたちもいます。学校や家庭での生活に大きなストレスを抱え、それが症状となって身体に表れている子どもたちがいるからです。そのような場合は、ドクターたちと相談をしながら治療的なかかわりを進めていきます。退院するとき、「ここがいいなあ」「もう少しいたかったなあ」と表現できた子どもたちの再入院はほとんどありません。ですので、今は、説明ができるようになり、「大丈夫ですよ」とお答えしています。

「受容」はするけど「許容」はしません

子どもたちへのかかわりを説明するときに、「受容と許容」について、お話をしています。

「受容」とは、感情を受け止めることです。子どもたちの身体の中にわき上がってくる感情をしっかりと受け止めることです。

「うれしい、楽しい」というような、こちらが受け止めやすい感情はもちろんですが、「悲しい、悔しい、辛い、イライラする、頭にくる……」というような、こちらの気持ちが揺さぶられ、受け取りにくいような感情もしっかりと受け止めます。

「怒りは、願いの裏返し」。この怒りの向こう側にどんな願いがあるのでしょう。「悲しみは、辛さの訴え」。この悲しみは、どんな不遇を訴えているのでしょう。そんな心持ちで聴くと、少しゆったりとそばにいられるかもしれません。

「許容」とは、行動を容認することです。

「受容はするけど、許容はしません」ということですから、「感情はしっかり受け止めますが、いけないことはいけないと伝えます」ということです。

認められない行動に対しては、しっかりと認めないことを伝えます。「いけない」というときは、誰かの迷惑になる、怒られるからということではなく、あなたを守るために、あなたが傷つかないように、「いけません」「やめます」と伝えます。そして、そのときにわき上がってくるさまざまな感情はきちんと受け止めるのです。

「やりたくない」と「やらない」の距離

「注射をしたくない！」「薬は飲みたくない！」「勉強なんかやりたくない！」……と、子どもたちは言います。注射は痛いです。薬は苦いものもあります。勉強をするエネルギーはないかもしれません。

しかし、子どもたちは「やらない」と言ってはいないのです。「やりたくない」と言っているのです。「注射をしなければいけない」「薬を飲まなければいけない」「勉強しなければ……」と、いちばんわかっているのは子どもたち自身です。「病気を治したい」「早く退院したい」「学校に行けるようになりたい」……と、いちばん思っているのは、子どもたち自身なのです。「注射も薬も勉強も、とっても大変なんだよ」『やりたくない』気持ちを聴いてよ！」「辛い気持ちを聴いてよ！」と言っているのです。

それでも、そんな言葉を聴くと大人は言います。「注射をしないと治らないでしょう」「薬を飲めるようにならないと退院できないでしょう」「勉強が遅れたらどうするの」……と。辛い気持ちを受け取ってもらえなかった子どもたちは、さまざまな反応を見せるようになっていきます。激しい拒絶をしたり、無気力になったり、感情を見せなくなったり……。心を閉ざしていきます。治療に向かうエネルギーがなくなっていきます。

「嫌だ」「やらない」ときっぱりと拒絶をする子どもたちもいます。「やりたくない」ではなく「やらない！」と。「嫌だ」「やらない」と言うときは、別の理由がある場合が多いのです。そのこと自体に対する拒絶というよりも、ほかに何かの引っかかりがあるのです。ただ、子ども自身が何が嫌なのかを明確にわかっていない場合がほとんどです。丁寧にかかわりながら、奥にある引っかかりを見つけてほぐしていきます。

私が出演させていただいたＮＨＫのテレビ番組の中でも、女の子が「嫌だ！」と言うシーンがあります。そのときも、「嫌だ」と言った本当の引っかかりは別のところにありました。そのこ

【参考資料】DVD『プロフェッショナル 仕事の流儀 第Ⅷ期 院内学級教師 副島賢和の仕事 涙も笑いも、力になる』（NHK エンタープライズ、2011 年）

とが解決していくと、自然と「嫌だ」と言っていたことにも自分から取り組むようになりました。

「やりたくない」と「やらない」の間には、とても距離があると感じます。その距離を、かかわる大人は見極める必要があると思うのです。

「手術いやだなあ」

手術いやだなあ

頭を切るっていうし。
かみの毛　そるっていうし。
退院まで　はえないかもしれないし。
手術を考えると　体がムズムズする。
手術を考えると　ねむれない。
できる事なら　やめたい。
手術が終わったらドッチボールやりたい。

終わったらステーキとおすしが食べたい。
いっぱいテレビみたい。
早く終わるといいな。

小学校5年生の男の子が伝えてくれました。

手術の前の日にとても沈んだようすで教室に来てくれました。横に座り、学習をしながら、遊びながら、思いをたくさん聴きました。身体が感じている感覚も聴きました。

詩の1、2連と3連の間の実際の時間は、とても空いています。たっぷり時間をかけて、思いを聴くことができました。

男の子の表情や身体が少し柔らかくなり、ほかの子とのかかわりが見られたとき、「今だ！」と思い、「じゃあさ、手術が終わったら何したい？」とたずねました。そのとき、答えてくれたのが3連の内容です。

「嫌だな」「やめたい」と言っていた彼が、「早く終わるといいな」とほんの少しでも、前向きになれました。そんなかかわりができたかなと思えた詩です。

肯定的自己認知と否定的自己認知

―「自分をどう見ているの?」

「いい、やらない…」

「自信を持てない」「すぐにあきらめてしまう」「無気力」……。児童生徒の実態を述べるときに必ず出てくる言葉です。

2007年にユニセフ・イノチェンティ研究所が発表した『子どもの幸福度調査』において、「私は孤独を感じる」「私は不器用(落ち着かない)・場違いだと感じる」という項目で、日本の子どもたちの割合が群を抜いて高かったということは、子どもにかかわる大人たちにとっては、周知のことだと思います。

そこで、「自尊感情を育む」「自己肯定感を持てるように」「自己有能感を……」と言われるようになり、学校の研修や研究においても取り上げられました。

その成果もさまざまなところで発表されています。「自分によいところがある」と感じている児童生徒が増えているというデータもあります。

しかし、職員室などで先生方から聞く、最近の子どもたちの実態は、やはり、「自信がない」「やる気がない」「覇気がない」……というものが多いように感じます。

院内学級でも、「自信がない」と感じる子どもたちが多くいます。病気やけがのために経験の少ない子どもたちも多く、「できない」「わからない」をたくさん味わっているからかもしれません。

「これやってみる?」と提示をしても、「いや、いい……」と。途中でうまくいかないことがあると、「もういい……」と初めからやらなかったり、途中でやめてしまったり。

そんな子どもたちが、少しでも前向きに歩んでいけるエネルギーを持てるようにと、日々のかかわりを工夫しています。

「『頑張れ』って言っていいの?」

保護者の方とお話をしていて、ときどきたずねられることがあります。先生方からもたずねられます。

「頑張れって言っちゃいけないんですよね」「頑張れって言っちゃいけないって言われるんです

けど、つい言ってしまって……」と。

そうですよね。確かに「頑張れ」を使わないほうがよいことはあります。この言葉は、「頑張りなさい」「頑張ります」と未来に向かって言われることが多い言葉ですが、私は「頑張ったね」「よく頑張っているよ」と過去や現在に対して使っています。

しかし、「頑張れ」と言ってよいときもあります。何が違うのでしょう。

それは、その言葉をもらう相手が、「自分自身をどのようにとらえているか」ということだと思うのです。

このことが、「頑張れ」という言葉を、エネルギーにできるか、それとも負担に感じてしまうかを大きく左右しているのではないでしょうか。

「そのお子さんが自分自身をどのように見ていますか?」

私は、保護者会や教員の研修会などで話す機会をいただいたとき、子どもたちの「自己認知」について考えてもらいます。

保護者には、「肯定的な自己イメージ」と「否定的な自己イメージ」という言葉で説明をしています。

病気を抱えたり、いじめを受けたり、失敗ばかりしたり、怒られてばかりいたり……そのような傷つきをたくさん受けている子どもたちは、自分自身のことをどのようにイメージしているでしょうか。

「自分はダメだ」「自分は役に立たない」「自分はひとりぼっちだ」「自分は愛されない」など、自分のことを否定的に見てしまっている、いわゆる「否定的自己認知」を持ってしまっているのではないでしょうか。

そんな子どもたちが、何かに取り組んでいるとき、「頑張れ」という言葉を言われたら、「まだ頑張れっていうの、もうこれ以上頑張れないよ」となってしまうかもしれません。そして、「やっぱり自分はダメだ」と思ってしまうのではないでしょうか。

真面目に治療に取り組んでいるにもかかわらず、なかなか体調が回復しない女の子が、「いったいこれ以上どう頑張れっていうのよ！」とベッドの上で叫んだことがありました。彼女もまた、否定的自己認知が身体の中にたまっている子でした。そんなときはもちろん、学習をするなど何かに挑戦をするエネルギーがあるはずはありません。

それに対して、成功体験を重ねていたり、友達がたくさんいたり、自分に満足をしていたりする……そんな子どもたちは、自分自身を、「自分はできる」「自分は役に立てる」「自分は愛されている」など、肯定的に見ることができるでしょう。

そんな子どもたちにとって、「頑張れ」は大きな励ましととらえることができるのではないでしょうか。

子どもたちはふだん、どんなに否定的に自分を見ていても、肯定的なイメージを持つ瞬間があります。もちろん、肯定的に自分を見ていることが多い子が、否定的なイメージを持つこともあります。

大切なのは、子どもたちに声をかけるそのとき、その子自身がどのように自分をイメージしているかをとらえたうえで、言葉を選ぶことでしょう。

声をかけた言葉が違っているときがあります。適切だったかどうかは、子どもたちが表情や態度などで伝えてくれます。そんなときは「あ、ちょっと違ったかな？　ごめんね」と率直に伝えることが必要でしょう。私たち大人は、子どもたちのモデルなのですから。

教師の役割・心理士の役割・保護者の役割

教師は、「子どもが肯定的な自己認知を持てるようにかかわる」のが仕事なのではないか。そのために教師は、学習や行事の計画を通して、その機会をつくっていきます。

一方、心理士は、「子どもの否定的な自己認知によりそう」ことが大きな役割の一つなのではないかと思うのです。「自分はダメだ」と感じている子どもの傍らにそっとよりそっていく。もちろん、状況や相手に応じて多様に変化をさせていくことは、当たり前のことですが……。

そして、保護者の立場としては、子どもたちが学校や社会という外に出て行くことができるよう、安全感・安心感を味わえるメンテナンスを行う基地になることが必要であると思うのです。

【参考資料】近藤 卓 編著『基本的自尊感情を育てるいのちの教育～共有体験を軸にした理論と実践 』（金子書房、2014 年）

心理的安定を図る

――支援キャンプで学んだかかわり①

たとえ4、5日のかかわりでも

私は17年間、通常学級の担任として小学校の1年生から6年生の担任をしてきました。その後、たくさんの方々のご配慮により、希望していた院内学級にたどり着くことができました。

院内学級の担任になれたときのために、子どもたちとの活動リストを作っていたのですが、実際は大変、難しく、ほとんどできませんでした。

それまで通常学級では、1～2年間をかけて子どもたちと意図的・計画的にかかわってきました。でも、院内学級で出会う子どもたちとのかかわりは、とても短いものでした。もちろん、長期入院の子どもたちもいます。慢性疾患のために、入退院を繰り返す子どもたちも多くいます。

しかし、平均すると4、5日のかかわりです。そのなかで、子どもたちとどのようなかかわりをすればよいのか、とても悩みました。

そのとき思い出したのが、15年前、東京都から派遣研修で行かせていただいた東京学芸大学大学院で参加した「不登校支援キャンプ」でのかかわりでした。

そのキャンプは１９９８年度から３年にわたって、毎年、夏休みに行われました。東京学芸大学の小林正幸先生と大河原美以先生、小金井市の大熊雅士指導主事（当時）の指導のもと、当時の大学院生がワークを計画し、適応指導教室に通う子どもたちとそのご家族と行った２泊３日のキャンプです。大きな傷つきを抱えた子どもたちにどのようにかかわればよいのか。８月の２泊３日のために、４月から研修を重ね、みんなで意見を出し合い、進めていきました。

３年目のキャンプ後の２学期には、参加した24名の子どものうち20名が学校に復帰できたというものでした。

そのキャンプで大切にしていたこと、それは、「あなたはあなたのままでいい」ということを伝えることでした。そのために行っていたのは、

○安全、安心を感じてもらう。

○人とかかわることの心地よさを味わってもらう。

○選択、挑戦をしてもらう。

ということでした。

「短くても、出会いがあり、かかわりがあり、別れがある」「たとえ、数日のかかわりでも、できることがある」

そう思うことができたキャンプでした。院内学級でどんなことを大切にして子どもたちとかかわればよいのか、自分自身の中で見えてきました。

現在も、小林正幸氏らとは、東北の子どもたちと3泊4日のキャンプを行っています。キャンプのプロと心理の専門家がタッグを組んで行うキャンプです。今年（2013年）で3年目になりました。そこで大切にしているコンセプトも同じです。

出会った数時間で仲良くなる。「あなたが大切だよ」「あなたはひとりじゃないよ」というかかわりを行う。「またきっと会おうね」という別れをする。

院内学級と同じです。そのベースとしての子どもたちの「心理的安定を図る」取り組みが大切になってきます。

「なんかいいこと思い出す…」

ある男の子が教えてくれました。

その男の子はとっても深い葛藤を抱えていました。身体の中からの衝動的な、動きたいという欲求を抑えることが苦手なのです。ですが、治療に大切なことは「安静」です。とっても苦しそうでした。

その日の彼は、なんとなく病棟に戻りたくないという雰囲気がありました。「もう少しここにいたい」と言葉で伝えることができる子もいますが、彼はそうではありませんでした。

そこで、「もう少し学習してから病棟に戻るから、そう伝えてください」と、もう一人の担任にお願いして、ほかの子どもたちと一緒に先に病棟に帰ってもらいました。

教室に二人になった後は、何をするでもなく、ボーッと過ごしていました。

彼が窓際に歩いて行きました。その窓からは西のほうに大きな太陽が見えました。夕日というほど傾いてはいなかったのですが、きれいな太陽でした。私も彼と並んで、しばらくその大きな太陽を見ていました。

そのとき、彼が伝えてくれました。

「先生、ぼくね、夕日を見るとなんかいいこと思い出すんだ……」と。

小学校低学年の彼が思い出す「なんかいいこと」って、いったいなんでしょう。

でも、そこにはふれずに、「そうだね。先生も夕日、大好きだなあ……」と返しました。

それからまたしばらく、二人で黙って景色を見ていました。すると、彼が言いました。

「うん。病棟に戻る」

もう一人の担任が上手に話をしておいてくれたのでしょう。予定よりもだいぶ遅れて病棟に戻ったにもかかわらず、看護師さんたちが「おかえり」と笑顔で優しく迎えてくれました。

心理的安定を図る

院内学級で、してはいけないことの一つに、「子どものエネルギーを奪う」ということがあると考えています。

入院している子どもの第一義は、やはり治療です。身体を治すことです。

にもかかわらず、院内学級の活動で疲れてしまったり、友達や教師とのかかわりやトラブルで嫌な思いが残ったりと、そんな状態で病棟に戻すことは、決してしてはいけないことです。

エネルギーを奪われたり、嫌な思いが残ったりすると、子どもたちは治療に向かうことができなくなります。治療や処置を嫌がったり、ご飯を食べなかったり、薬を飲まなかったり、指示を聞けなかったり……。

院内学級もチーム医療の一員です。それらは病棟のことだから、というわけにはいきません。

「明日も学級に行きたいから……」薬も飲もうかな、ご飯も食べようかな、早く寝ようかな……子どもたちにそう思ってもらいたいと思っています。

院内学級において、子どもたちの心理的な安定を図ることは、本当に大切なことであると感じています。

この心理的な安定は、院内学級だけのことではなく、きっと通常の学級でも、子どもたちが苦手なことに取り組んだり、挑戦をしたりするときのベースになっていることだと思うのです。

15年も前に支援キャンプで学んだかかわりが、まさか院内学級でのかかわりに通じているなんて……。今、私は、毎日支援キャンプを行っているのかも、と思うときがあります。

【参考資料】●みどりの東北元気プログラム⇒ http://cocoro-care.net/　●小林正幸・早川惠子・大熊雅士・副島賢和 共著『家庭でできる子どもの心のケア』（2012年、東日本復興支援機構製作の小冊子）

頑張る力と我慢する力
―「励ますことと褒めること」

頑張る力・我慢する力

「もっと頑張らせたいのですが……」

「我慢ができなくって……」

という、保護者や教師の声を聞くことがあります。

「そのためには、『褒める』ことが大切なのですよね」と。

そうです。確かに「褒める」ことはとても大切です。特に教師は、たくさんの褒め言葉を身につける必要があります。

しかし、この「頑張る力と我慢する力」は、「褒める」だけでは育たないのです。

「耐性」とひとくくりにされることが多いのですが、「頑張る力」と「我慢する力」は別の力で、その二つの力の育て方は異なるからなのです。

「頑張る力」を育てるためには…

「頑張る力」とは、「遠い目標のために、『やりたくないことをやる』力」です。

この頑張る力を育てるためには、

○目標

○スモールステップ

○評価（励まし）

が必要だと言われています。

その子に合った目標を設定・共有し、たくさんの合格ラインを用意し、信頼している評価者から適切な評価（励まし）をもらう。そのことが、本当はやりたくないけれども、また挑戦しようという力につながっていくのです。

この育て方は、例えば、「歩き始め」の頃を考えるとよいかもしれません。

幼い子どもが歩き始めた頃、どのようにかかわるでしょうか。

子どもが立ち上がったとき、「ここまでおいで」と、お母さんやお父さんが『目標』を示します。

子どもが座ってしまいそうだったら近づき、もう少し歩けそうだったら、少しずつ距離を延ばすでしょう。その子の今の力に合わせて、頑張りに合わせて、スモールステップを用意するでしょう。「あんよがじょうず！」などの声かけも絶えずするのではないでしょうか。

そして、座ってしまうというとき、スッと支えに行き、抱きかかえて、「よく歩けたわねぇ」と成功体験を味わわせます。「お母さんのところまで来られたわね」「昨日は、椅子のところまでだったけど、今日はドアのところまで歩けたわねぇ」と適切な評価をするのではないでしょうか。それも、お母さんやお父さんという、子どもがいちばん評価をしてほしい人が。

これらのかかわりが、頑張る力を育みます。

「我慢する力」を育てるためには…

一方、「我慢する力」とは、「遠い目標のために、『やりたいことをやらない』力」です。この力を育てるために大切なことが「褒める」ことです。

この育て方は、例えば「トイレトレーニング」です。

本当は、その場で、おしっこをしてしまえば楽なのかもしれません。それでも、おしっこで汚れてしまう不快感や、お母さん、お父さんの期待などから、トイレまでたどり着いて用を足します。

そのとき、お母さん、お父さんは「よくできたわね！」とたくさんたくさん褒めるはずです。

（トイレの失敗は叱らないほうがよいと言われています）

決して、「昨日は、椅子のところまでだったけど、今日はドアのところまで我慢できたわねぇ」というような褒め方はしないはずです。

「我慢する力」を育てるためには「褒める」かかわりが大切です。

褒めることは難しい

この「褒める」ということはとても難しいことです。

なぜなら、子どもが「我慢」をしていることを、かかわる大人が「当たり前のこと」と思っていたら、「褒める」ことはできないからです。

子どもの「頑張り」は目に見えやすいのですが、「我慢」は見えにくいのです。

ある呼吸器疾患を抱えた子どもがいました。夜中に発作が出て、睡眠をほとんどとることができません。そんな日が続きます。それでも彼は、学校に通い続けていました。当然、授業中に眠たくなります。うとうとしてしまいます。

小学校高学年から中学生ぐらいになると発作が続き、睡眠不足であることを教師にいちいち伝えたりはしません。そして、彼は必死に我慢をして、学習しました。

そんな彼を見て、教師はどんな声をかけるでしょうか。

「眠気を我慢して、よく学習したね」という声かけをするためには、その子どものことを背景も含め、しっかりと見取ることが必要になります。

もしも、「授業中眠くなるのは、夜にきちんと寝ていないからだ」という考えに固まっていたら、褒めることはできなくなります。

「我慢する力」を育てるための「褒める」ということは、かかわる大人の力量がとても問われることだと思うのです。

褒める言葉を持つために…

「褒め言葉シャワー」というワークがあります。ソーシャルスキル教育の一つのワークとして、子どもたちに行うものですが、私は教師の研修や保護者会でも行います。

①グループで褒め言葉を集める

②褒めてほしいことを決める

・どんなとき　・誰に　・どんな言葉で

③順番に、交代で褒める

（詳しくは、欄外参考資料をご覧ください）

褒め言葉をたくさん持つために、褒め言葉を上手に伝えられるようになるために、教師は、「褒める」ということについて学ぶことが大切です。

また、私が学級を見せていただくとき、一つの視点としていることがあります。それは、「教師の褒め言葉が、褒め言葉として通用していますか」ということです。

教師が褒め言葉を伝えたときの、子どもたちの反応があります。

「やった！」と本当にうれしそうに受け取っているとき。

そして、「え？」としらけた雰囲気が教室の中に漂うときと……。

教師が伝えた褒め言葉が、子どもたちにスーッと吸い込まれていく関係はすてきだなあと思うのです。

【参考資料】小林正幸・宮前義和編『子どもの対人スキルサポートガイド～感情表現を豊かにするＳＳＴ』（金剛出版、2007年）

痛みによりそう

―身体の痛み、心の痛み

「好きな遊びができるといい」

小学校2年生の男の子が伝えてくれました。

病棟に行くと、ベッドの上で、ポータブルゲームをやっている子どもたちの姿を、よく目にします。とても集中をして、周りをすべてシャットアウトするかのように……。

「学校を休んで、ゲームができていいなあ」と、いのちの授業などで訪れた先の子どもたちからは言われます。

しかし、ベッドの上の子どもたちがとっても苦手なことの一つが、「ひま」です。

彼らは時間があることが大っ嫌いです。なぜ時間があることが嫌いなのでしょう。それは、時間があると、考えるからです。学校のこと、友達のこと、勉強のこと、行事のこと、家族のこと、きょうだいのこと、身体のこと、将来のこと……。そんな心の痛みを味わいたくない。もちろん、身体の痛みもそうです。頭が痛い、お腹が痛い、手術のあとが痛い……。そんな痛みを味わいたくないから、ゲームの世界へ没頭していきます。漫画をひたすら読んでいる子たちもいます。小さい子たちは、塗り絵をしたり、折り紙をしたり、ただただそれをやり続けています。

子どもたちは、決してそれらを本当に楽しくてやっているわけではないのだなと思います。

「退院できると思ったのに」

退院できると思ったのに

退院できると思ったのに
ＣＲＰ（炎症反応値）があがってさ
退院できなくなった
すっごい　やな気持ちになる

やな気持ちになるとあつくなる
早く退院したい
退院して
学校にいきたい

小学校5年生の男の子が書いてくれました。彼らは、一日でも早く退院をしたいと必死になって治療に向かいます。それでも、自分の期待どおりに回復に向かうわけではありません。そんなときの彼らの落ち込みは、とても大きなものがあります。

医療者も子どもたちにそんな気持ちを味わわせたくないので、なかなか退院の見通しを伝えてはくれません。そのことは、子どもたちの治療へのモチベーションに大きく影響するので、相談をしながらやっています。

そんなときの心の痛みに、どのように対応すればよいのでしょう。

退院が延びたとき、子どもたちは誰かに当たることもできません。そんな、怒りや悲しみを学習をしながら、遊びながら、不快な感情や願いや訴えを聴き、好きなことに取り組んでもらうことで、軽減していきます。解消していく時間は子どもそれぞれですので、一人ひとりに合わせたかかわりを工夫しています。

「先生、痛いよ。ここにいてよ」

小学校中学年の男の子がいました。彼は、手術後お腹の痛みがなかなか治まらず、学級に来ることができませんでした。

そんなときは、ベッドサイド学習に行きます。遊び道具をバッグに詰めて、学習用具を持って、病棟に行きます。

学習として、45分の時間を考えていますが、学級に来られないぐらいの体調です。数分単位でエネルギーの状態は変化をします。そこに合わせてかかわりを変えていきます。

彼は、国旗に興味があったので、国旗のカードと世界地図を使って学習をしていました。

「この国旗の国は、ここにあって、こんな特色がある国なんだよ」と。

すると、「あ、きた！」と言って始まるのです。痛みがやってくるのです。

私の手をギュッと持って、自分のお腹に当てて……。

「痛い。痛いよ……」と。

そんなとき私にできることは、病棟スタッフに報告をすることと、そばにいて、「そうか！痛いか！」と彼のお腹に手を当てていること。

彼ら彼女らに私たちは何ができるのか

私は、病棟のスタッフのように、処置や薬を用意して、痛みを取ることはできません。医療的なスキルや資格を身につけて、それができたらよいのではないか。そう思った時期もあります。しかし、それは違うと気づきました。

なぜなら、そのように考えているときに取りたかった辛さは、痛みを訴えている子どもたちを見て感じている、私自身の辛さだったからです。

子どもたちの痛みを少しでも緩和するために、教師だからできること、教育だからできることは何かを探しています。

「痛い」は「ふれてほしい」のサイン

子どもたちの心と身体はとても密接であると感じます。

子どもたちが訴える痛みは、心の痛みなのか身体の痛みなのか、はっきりしないことも多々あります。しかし、影響し合っていることがほとんどです。

身体の痛みを訴える子どもたちがいます。検査をしても、原因がはっきりしません。数値上は大きな異常は見つからないのです。それでも痛みは治まりません。

「先生はどのように理解をしますか？」

病棟スタッフからたずねられたとき、次のように答えています。

「頭が痛い」は「頭が痛くなるほどの悩みがある」「解決できない辛さがある」と。

「お腹が痛い」は「受け入れられないことがある」「抱えていられないことがある」「吐き出してしまいたいことがある」と。

もちろん、病棟では医療的な原因の究明は続けています。そのうえで、子どもたちの訴えるさまざまな「痛み」を理解します。

どちらにしても、「痛い」という訴えは、「身体や心にふれてほしい」のサインと考えて、かかわりたいと思っています。

相手を大切にする、身体や心への上手なふれ方も教師が身につけておく必要のあるスキルの一つでしょう。


【参考資料】特集「障がい児の痛みと不安のケア」小児看護（へるす出版、2014 年 5 月号）

スペシャルなえこひいき
―支援キャンプで学んだかかわり②

「せっかく入院しているのだから…」

病棟のベッドにいたり、さいかち学級で出会ったりした子どもたちに、私がよくかける言葉の一つです。

この言葉を子どもたちに投げかけると「えっ?」という反応を保護者や病棟のスタッフたちにされることがあります。子どもたちからも、「せっかくって……」というメッセージが伝わってくることがあります。

当然といえば当然なのですが……。その後に続く私の言葉を聞いて、納得をしてくれるようです。

「だから、今しかできないことをしよう」

「ここだからできることをしようよ」

「せっかく会えたのだから！」と。

子どもたちは、入院したことに対して大きな不安を抱えます。失敗したと考え、自分はだめだと感じます。

そうかもしれません。そういう思いは出てくるでしょう。そのうえで、このことをいつの日か、すてきな経験とするための種を植えたいと思うのです。

ただ、私も、初めからこのような気持ちを持てていたわけではありませんでした。

「学校ではやらないキャンプをしよう」

１９９９年。今から16年前、私は東京都の教員派遣研修で、東京学芸大学臨床心理学講座の小林正幸研究室にお世話になっていました。

小学校の教員になって11年。子どもや教員のストレスマネージメントを研究し、それらを学級経営に生かしていきたいと思っていました。

当時、東京学芸大学の心理学講座ではＳＰ研（School Psychologist 研究会）として研究室を超えて学生の指導がありました。上野一彦先生・松村茂治先生・出口利定先生・小林正幸先生・大河原美以先生の5名の先生方のもと、多くのご示唆をいただきました。

それまで行ってきたことに心理学という視点が加わりました。

その夏、小林研究室＋大河原研究室＋大熊雅士先生（小金井市教育委員会指導主事・当時）主催の、不登校状態にある、市の適応指導教室に通う子どもたちとそのご家族と行く2泊3日のキャンプがありました。私も、キャンプに参加をする機会をいただきました。キャンプのコンセプトをもとに、学生、大学院生がプログラムを考えました。

そのときの小林先生からのオーダーが、

「学校ではやらないキャンプをしよう」

学校でやらないキャンプとは、「みんなで」「はやく」「頑張ろう」と言わないキャンプ。「みんなでやらなくてよいの？」「ばらばらでもいいの？」「やりたくなければ参加をしなくてもいいの？」……でも、「いつの間にかみんなが参加をしていて」、「みんなが楽しんで」「誰もが人とかかわる心地よさを味わうことができる」キャンプ。

「いったいどうすればよいのだろう…」

教員11年目の私は、不登校状態の子どもたちとかかわるときに、「学校に行けるようにする」

ことを目標にしていたと思います。「不登校を治す」というぐらいの気持ちで。

どのようなかかわりをしてよいかわからなくなっていたときに言われたのが、「せっかく不登校になったのだから、今しかできないことをする」という言葉でした。

「目から鱗」というのはこのような状態を言うのだと思います。

「不登校はなくさなければ」と考えていた私の中に、「その状態だからこそできることがある」と発想すること、「そのことが、子どものエネルギーをためることになる」ということは、大きな意識改革でした。

子どもたちに、どのようにしてエネルギーをためてもらうか。

子どもたちの自主性をどのようにして高めることができるか。

「自立をしなさい」と言われて行動したとしても、それは自立した行動ではなくなります。

子ども自身が一歩踏み出すタイミングを見逃さないかかわりが大切になってきます。

人とかかわることの心地よさはどのようにして感じてもらえるのか。

誰かと何かをすることの楽しさや面白さを感じてもらえる活動とは何か。

自分は一人じゃないと思ってもらえるかかわりを大切にしたいと考えました。

２０００年の同じコンセプトのキャンプでは、適応指導教室に通う24名の子どもたちのうち22

名が2学期から学校に登校するようになりました。

このキャンプから生まれたのが、「元気キャンプ」です。これは、「小林正幸とチーム仕事師」が中心となって、震災のあった夏から福島や宮城の子どもたちと、福島県小野川湖レイクショア野外活動センターや南会津、宮城県松島や、山梨県都留市で行っています。

これらのことが、今、私が病気による困難を抱えた子どもたちや、喪失感や傷つきを抱えた子どもたちへのかかわり方を考えるときのベースになっています。

スペシャルなえこひいきをする

その子に合わせて、学習や遊びなどのかかわりを用意することを私は、「スペシャルなえこひいき」とよんでいます。

「先生、ずるい！　ひいきだ！」

子どもたちは「ひいき」に敏感です。それは公正、公平を望むというより、むしろ、「自分もしてもらいたいから」かもしれません。

子どもたち一人ひとりが、自分もそんな場面があるということを納得できると、「ひいきだ！」なんて声はなくなります。

40人学級の担任をしているときは、このことをやり通すのは難しいものがありました。ただ、1年、2年とかかわる時間はありましたし、基本的に子どもたちは目の前にいてくれます。だから、時間をかけて取り組んでいました。

院内学級のような場所では、「スペシャルなえこひいき」を行うチャンスがたくさんあります。しかし、かかわる時間はとても短く、かかわりに失敗するともう来てくれません。違う意味での難しさを感じています。

このことは、適応指導教室の担任の先生やスクールカウンセラーの心理士の方とお話をしたときに、とても近い感覚がありました。

せっかくここで会えたのだから、スペシャルなえこひいきをする。

そんな時間を用意したいと思っています。

【参考資料】大河原美以 著『怒りをコントロールできない子の理解と援助　教師と親のかかわり』（金子書房、2004年）

第4章

子どもたちから教わったこと

Doingの前に、Being

―「ぼくは幸せ」

Doingの前に、Being

10年ほど前に、上智大学教授の長島正先生から教えていただいた言葉です。

「DoとBeについて考えてください」と言われました。「Doは行為、Beは存在」です。私は、この言葉をいただいたとき、学校での子どもたちとのかかわりに翻訳をしました。そして、「Doingの前に、Beingが大切」であると考えました。

「Doingの前に、Being」とは、『何かが行える』『何かができる』ことではなく、『そこに存在しているだけで価値がある』ということを伝えるかかわりをする」ことです。

学校は、「何かが行える」「何かができる・わかる」を大切にする場です。「できる・わかる」を経験し、その喜びを仲間や教師と分かち合って、今度は自分の足で歩いていこうとする力を身につける場だと考えます。なので、「Do」はしないということではありません。むしろ、学校は「Do」の場であると考えています。「できる・わかる」をたくさん経験してもらいたいと思います。

しかし、子どもたちに「Do」ばかりを突きつけているとどうなるでしょうか。ただただ、できること・わかることばかりを突きつけられた子どもたちは、エネルギーが枯渇し、折れてしまいます。だって、できないこと・わからないことはたくさんあるからです。

それでも、エネルギーをためて、挑戦をしていくには、「あなたがあなたのままで、そこにいるだけで十分にすてきなことなんだよ」と子どもたち自身が思えることと、そう思っている人がここにいるということを伝えるかかわりが必要であると思うのです。

「ぼくは幸せ」

ぼくは幸せ

お家にいられれば幸せ
ごはんが食べられれば幸せ

空がきれいだと幸せ
みんなが
幸せと思わないことも
幸せに思えるから

ぼくのまわりには
幸せがいっぱいあるんだよ

小学校6年生の男の子が書いてくれました。彼は生まれたときから内臓に疾患を抱え、幼い頃から手術を繰り返してきました。何度も入退院を繰り返していました。

そんな彼が、6年生のある日、約1年半ぶりの退院が決まりました。そして、退院の日に学級に来てくれました。

彼のように、何度も入退院を繰り返している子どもたちは、自分が退院することを大きな声で言うことはほとんどありません。せっかくできたお友達と離れてしまうことや、自分が残されてしまう寂しさをたくさん知っているからかもしれません。

その日、彼も「退院だ！」とは、言いませんでした。それでも、顔は満面の笑みでした。そこで私は、彼の横に座って言いました。「今日、退院だって！」と。それは、教室にいるほかの子どもたちに知っていてもらうためです。誰かが急にいなくなると、残された子どもたちが辛くなるからです。

すると、彼が満面の笑みをもっととろけさせて、伝えてくれました。

「うん。ぼく幸せなんだぁ……」と。

「そうか、幸せかぁ。ねえ、どんなときに幸せだと思うの？」と、たずねました。すると、

「そうだなあ。お家にいられれば幸せだなあ」と答えてくれました。

「ほかには？」

「うん。家族といられれば幸せだよ」

「ほかには？」

「ごはんが食べられれば幸せ！」

「ほかには？」

「ペットのウサギといると楽しいなぁ」

しつこく、「ほかには？」とたずねました。

「う～ん。空がきれいだと幸せだなぁ」と。

続けて、彼が伝えてくれたことがありました。

「ねえ、先生。ぼくね、みんなが幸せに思えないことも幸せに思えるんだ。だからね、ぼくの周りには幸せがいっぱいあるんだよ！」

すてきだなあと思いました。私は子どもたちの発言をよくメモしています。このときも、彼の言葉をメモしていました。そこで、そのメモを彼に見せて、詩にしてみないかと伝えました。彼は、「えぇぇぇ……」と嫌がりました。それでも、これを詩にしてほしいと彼にお願いしました。すると、彼が「しょうがねえなあ。最後だから書いてやるか！」と、とてもうれしそうに言ってくれました。

そうして書いてもらったのが、「ぼくは幸せ」です。私はなかなかこのように思うことはできません。自分は自分のままでよいと思うことは、やはり難しいです。もちろん彼自身の頑張りや我慢もたくさんあったことでしょう。それに合わせて、ご家族をはじめとした周りのかかわりがあったからこそ感じられるようになったことだと思うのです。

かかわる大人の Being

「そこに存在しているだけで価値がある」と思えることは、子どもに対するものだけではありません。子どもにかかわる大人自身にとってもBeingは大切です。

子どもたちとかかわっているなかで、「無力」を感じることがたくさんあります。「今はもうできることはありません。私は無力です」と伝えてくれたドクターがいました。ご自分の立場では、診ている患者さんにもうできることがないとおっしゃるのです。それでも、その患者さんのための話し合いには必ず参加をし、会いに来てくれます。

福祉の担当者からも「力不足ですみません」と言われることがあります。教師である私も自分の「無力」を感じることが多々あります。保護者のなかにも「どうしてよいか、わからなくて……」と涙される方もいます。

先達として、子どもにアドバイスをしたり、方向を示したりすることもありますし、代わりたくなるときもあります。でも、子どもたちの頑張りや我慢を、ただそばにいて見守ることしかできないときもあります。そんなときは、Doingができていない私自身のBeingを認めてもらいたくなります。

子どもとかかわる私たち自身のBeingを認め合える、仲間・時間・空間を持つことも、子どもたちのDoingとBeingを支えるために必要なことだと思うのです。

【参考資料】副島賢和「院内学級における通級児童の『感情表出』のための実践」（「児童心理」金子書房、2010年4月号）

笑顔のちから
—ファースト・スマイル

「先生はなんで笑わないの?」

出会って二日目の女の子から、ある先生が言われたことです。

その先生は笑顔のない人ではないのです。ではどうしてでしょう。

あとからその先生に伝えたのは、「マスクをつけていると、笑っていることが伝わりにくいのですよ」ということでした。

みなさんは、笑顔の表情をつくるときどうやっているか意識をしていますか?

鏡の前で、マスクをしたり手を当てたりして、口元を隠して笑ってみてください。

「教師は、口元は笑っても、目は笑っていない」と言われることがあります。

教師は、子どもたちを見るときに、安全を確保したり、評価をしたり、と一人ひとりをしっかりと見ることを求められます。

ある心理士さんから「見るのは教師の仕事。聴くのが心理士の仕事」と教えていただいたことがありました。教師の目が強くなってしまうのは当然かもしれません。

いくら口元は笑っていたとしてもそれはマスクの中のこと。相手には伝わりません。院内学級においては、口元を隠しても、相手に笑顔が伝わるように練習する必要があるのです。

「そえじって、先生でしょう！」

15年ほど前、教員の派遣研修で大学院に通っていたときのことです。

お世話になっていたゼミで、不登校状態にある子どもたちとキャンプに行きました。教師であることは伝えず、ちょっと（？）年配の大学院生「キャンプネームそえじ」として参加をしていました。

その最終日、小学校高学年の女の子が近づいてきて、私の目を見て、ニコッとしながら言いました。

「そえじって、先生でしょう！」

「お見通しですよ！」という感じで……。

なんでわかったのだろうと思っていると、そのキャンプの主催者である小林正幸先生が教えてくださいました。

「そえじは目が強いんだよ。もっとボヤーッと全体を見る方法も身につけてごらん。あの先生のように」と。

それまで、個々をしっかりと見ることはあっても、ボヤーッと全体を見るということは、意識したことがありませんでした。ですので、先輩のやり方をモデルにして練習をしました。

このときに身につけた全体を見る方法は、その後とても役に立っています。朝礼台に上がったときや行事で全校生を見るとき。教室でもそうです。職員室でも……。

そのきっかけをくれた彼女にとても感謝をしています。

第一笑顔（ファースト・スマイル）

第一印象は大切です。

もちろんそれは、院内学級であっても、いろいろな学級であっても同じように大切でしょう。

ただ、私の勤める学級での子どもたちとのかかわりは平均4〜5日です。ゆっくりと関係をつくっていく時間をとれることはまれですし、できることなら、長期入院のお子さんはいない方がいい。一日でも早く退院をしてほしい。そんな学級です。

そのため、子どもたちとの出会い方については、じっくり考えます。相手は病気を抱えたり、けがをしていたり、精神的にも傷つきを抱えたりしている子どもたちです。

正直言って、最初のかかわり（ファースト・コンタクト）はドキドキします。緊張もします。

しかし、こちらのドキドキや緊張は、「別のもの」を伝えてしまうことが多いのです。ドキドキがちょっとためらいながらの近づき方になったり、おどおどした近づき方になったとしたら……。

「あなたのことがちょっと怖いです」「あなたのことが苦手です」というようなメッセージとして子どもは受け取りかねません。

こちらの緊張が伝わったとしたら、相手の緊張や不安をより喚起してしまうことになりかねません。

そんなとき、私が大切にしているのは、表情と距離感です。

笑顔を大切にしています。私は、第一笑顔（ファースト・スマイル）と呼んでいます。初めての出会いのときもそうですが、子どもたちに声をかけられて、振り返るときも同様です。病棟の廊下で目が合ったときや、ベッドの上にいる子どもに近づいていくときも同様です。

「はじめまして……」のときや、「何？」「うん？」と聞き返すとき。そんなときに「あなたに会えてうれしいです」「声をかけてくれてありがとう」が伝わる笑顔。
練習をたくさんしました。初めの頃は、先輩から「にやにやして気持ち悪いわよ」と言われたこともありますが……。

そして、笑顔を伝えるには、ちょうどよい相手との距離があることもわかりました。まずは、安全と安心を感じられる距離です。もちろん相手によって違います。遠かったら、少しずつ近づき、入り込みすぎたら、「ごめんなさい」と離れて、二人の間のよい距離を見つけていく必要があるでしょう。

「お母さんが笑ってくれるといい」

入院をしている子どもたちは、周りに、特に家族に迷惑をかけていると感じています。そんな子どもたちは、家族の笑顔が大好きです。お家の方が少しでも笑顔になることを望んでいるようです。

ですので、ベッドサイドにお家の方がいらっしゃるときは、子どもたちはもちろんですが、お家の方が笑顔になれるようにかかわります。お母さんやお父さんが笑ってくれると、（実は、病棟スタッフの笑顔にも）子どもたちはとてもホッとしてくれます。

「みんなが笑顔だったらいい」

「みんなが笑ってくれるといい」

「友達と遊んで、いっぱい笑えて」

「みんなでいっぱい大笑いできるとしあわせ」

「ずっと笑っていられればいい」


国語科の学習で「そうだったらいい」という詩に、子どもたちが書いてくれた言葉です。

病気を抱えていても、入院治療中であっても、病院の中であっても、たくさんの笑顔があるとよいなと思います。

その笑顔が回復へのエネルギーになると思うのです。

【参考資料】小林正幸　「『みどりの東北元気プログラム』が目指したもの」（教育と医学　慶應義塾大学出版会、2014年６月号）

失敗体験の扱い方
―「失敗はチャンス！」

「さいかちに失敗はないんだよ！」

小学校低学年の女の子が教えてくれた言葉です。

ある日、学習をしているときに、高学年の男の子が、問題を解くことができずに、イライラを募らせていました。何回か挑戦をしたのですが、正解にたどり着けません。

「もういいいよ。どうせできないよ……」となったときに、そのようすを見ていた低学年の彼女が、彼に向かって言ったひと言です。

「大丈夫。さいかちには失敗はないんだよ。ね！」

病気を抱えた子どもたちは、病気をしたことやけがをしたこと、入院したことを、とても大きな失敗だと思っています。この病気をしたから、けがをしたから、入院をしたから、自分はダメなんだと思う子が多いのです。

再入院をしたときは、また、失敗をしてしまったと、傷つきを深くしていくようすも見られます。「そこまで……」と言いたくなるほど、たくさんのネガティブな表現で自分のことを語る子どもたちがいます。

だからこそ、さいかち学級において、

「失敗はチャンス！」

と思ってもらえるかかわりをしていきたいと思います。

学習を通して、遊びを通して、失敗してもやり直せばよいことや、うまくいかなくてもそのようなときもあること、失敗から多くを学べることなどを伝えていきます。

失敗が苦手な子たちが増えていませんか？

先生方と話をしていて、感じていることがあります。

失敗をしたり、負けたりすることを受け入れることがとても苦手な子が増えているのではないか、ということです。

「負けず嫌い」というレベルではなく、間違えたということで、パニックになったり、負けたということで、相手や自分を傷つけたり……。そんな子どもたちの姿が見られます。失敗をする自分はダメだ。失敗をする自分が許せない。だから、失敗をしそうなことには絶対近づきたくない。

負ける自分が許せない。だから、自分が勝てないことや自分を負かすような相手の存在は認めたくない。

失敗体験の記憶ばかりが大きくなっている子どもたちの多くは、もうこれ以上失敗の経験をしたくないのでしょう。何度も、自分はダメだと、自分の力ではどうしようもないのだということを突きつけられていたら、そうなってしまうかもしれないと思います。

しかし、失敗や負け、できないこと、わからないこと、うまくいかないことは、これからも経験するでしょう。

失敗を自分の経験のなかに取り込んでいくには、成功体験を積み重ねていくことで、肯定的な自己認知を持たせていくことが大切です。そのために、教師は学習やさまざまな活動を通して、肯定的な自己認知を持てるよう、さまざまなかかわりを仕組んでいくのではないでしょうか。

私はもう一つ大切なことがあると考え、いろいろな機会にお話ししていることがあります。

それは、大人が子どものモデルになることです。

子どもにとって大人の失敗とは

子どもたちは大人が失敗する姿を見たいのです。

大人の鼻を明かしたい子どもたちもいるかもしれません。ただ、それよりも本当に見たいのは、大人が失敗のあとの対応をしている姿なのではないでしょうか。

なぜなら、子どもたちに伝えられるのは、成功するためにどうしなければならないか、がほとんどだからです。「こうすればうまくいく」「なぜそうしなかったのか」「失敗は許されない」と。子どもたちは、自分たちが失敗をしたときにどのようにふるまえばよいかを、しっかり伝えてもらっていないと思うのです。だからこそ、子どもたちは大人の失敗が見たいのかもしれません。「失敗はチャンス」と子どもたちに伝えたいのであれば、私たち教師や大人自らが、「失敗はチャンス」であるという姿を示す必要があるでしょう。

例えば、板書をしているときに、漢字の書き順を間違ってしまうこともあるでしょう。そんなとき、子どもから間違いを指摘する声があがったらどのように対応するでしょうか？

「ではあなたが、正しい書き順で書きなさい」と代わりに漢字を書くように、指名をするかもしれません。「あとで調べておきます」とやり過ごすかもしれません。「あなただって間違うことはあるでしょう。間違えた人にそんな言い方はしません」と言った教師を見たこともあります。

それらは一見適切に見えるかもしれません。でも、大切なのはそのときの教師の心持ちです。人は間違いを指摘されると恥ずかしい気持ちになります。「恥」は「怒り」ととても仲良しです。恥は怒りに変化しやすいのです。自分に恥をかかせた子どもと考えての対応は、決して子どもたちにとってよいモデルとはいえないでしょう。

そんなとき、「あ、書き順を忘れてしまった。こんなときは、辞書を引けばいいんだ」と子どもたちに、辞書を引く姿を見せることができます。

教師でも大人でも、間違うこと、失敗することはあります。恥ずかしさから、できるだけさっとその場をやり過ごしたくなる気持ちもわかります。しかし、失敗をしたときにどうするのかというモデルを見せることは、子どもたちが失敗と向き合うためにとても大切なことであると思うのです。

職員室でも…

私が教員になりたての頃は、よく先輩教師の失敗談を放課後に聞かせていただきました。(聞かされていた日もあったかな……)。「こんなすごい先輩も、えっ！という失敗をしていたんだ」

と。そして、そのあとどう対応したかも教わっていたなあと思うのです。

今の職員室では、多忙になったせいでしょうか、コミュニケーションが希薄になったせいでしょうか。先輩教師から伝えられることはうまくいった話、うまくいくための話がほとんどです。学校という場所が失敗のできない場所になってきているのかもしれません。教育の場は、本来創造的な場であるはずです。創造的な場は、失敗もたくさんある場ですよね。もちろん失敗をしてはいけないこともあるのは承知のうえですが。

特に失敗が許されない医療の場に接すると、教育の場では、失敗を生かすということをより大切にしていきたいと思うのです。

【参考資料】小林正幸・あかはなそえじ「2人でできる校内研究　徹底的に子どもに寄り添い、解決策を柔軟に発想する」(『月刊学校教育相談』ほんの森出版、2011年4月)

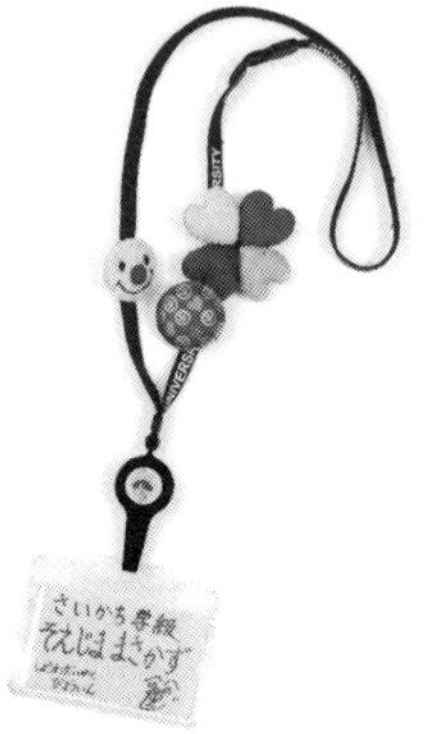
さいかち学級

第5章

チームになる

子どもたちを真ん中に置いて

「何かご用ですか?」

10年前、院内学級の担任に配属になった頃のことです。小児病棟のナースセンターに「失礼しまーす」と入って行ったところ、中にいた病棟スタッフから「何かご用ですか?」と返答がありました。そのときの空気に、病棟スタッフとの距離がとても遠く感じられました。

病院の中にはたくさんの方が働いています。子どもたちの発達を保障するために、たくさんの人たちのかかわりは大きな財産です。協力をしてもらわない手はありません。協働をしない手はありません。そこで、どうにか皆さんと仲良くなりたいと考えました。

「仲良くなってください!」

１年目は「病棟保育士」さんたちと仲良くなりました。すると、病棟にスムーズに入れるようになりました。子どもたちに会うときも、保育士さんと一緒だったり、紹介をしてもらったりしました。病棟での子どものようすや、医療的に知りたいと思ったこと、保護者の方の子どもへのかかわりなども、保育士さんを通して情報をもらっていました。また、院内学級でのようすを看護師さんたちに伝えてもらったりもしました。

２年目は「看護師」さんたちと仲良くなりました。そうすると、子どもたちの状態がとてもわかるようになりました。特に、身体のことと病棟でのようすを情報としていただけるようになったのは大きいです。「昨晩は、お母さんとけんか別れみたいになったので、あまり眠れなかったようです」「明日、手術を控えています」などの情報があると、出会ったときに声かけをする内容の配慮ができます。

また、毎朝、ナースステーションに電話をして、子どもたちのようすを聞きます。子どもたちが教室に来るときには、状態がかなり詳しくわかっているので、医療的な配慮はもちろん、メンタル面への配慮をよりよい形で行うことができるようになりました。夜に行われる看護師さんたちの勉強会にも参加して、専門的なことを教えていただいたり、講師として、教育領域からの児童生徒理解についてお話をする機会もいただけるようになりました。特に看護師長さんとお話ができるようになると、病室やナースステーションへの出入りもスムーズになりました。

3年目は「ドクター」たちと仲良くなりました。そうすると、やれることがぐんと増えました。カンファレンスやIC（インフォームド・コンセント）にも同席させていただけるようになり、子どもの治療の見通しを持てるようになりました。教育領域の人間として、退院後の学校復帰にどのような配慮が必要かも、病棟スタッフに対して伝えることができるようになりました。

ドクターたちや看護師長さんたちに話ができるようになると、病院内で呼び止めていただくなど、たくさん声をかけていただけるようになりました。小児病棟以外のところ（脳外科や救急救命室など）に子どもがいるという情報を入れていただけるようになったり、「長期の入院になる予定のお子さんが入院します」「学校の先生に伝えていただけるとありがたいことがあるのですが……」「先生（院内学級担任）の目からは、このお子さんの状態はどのようにご覧になっていますか？」など、チーム医療の一員として教育の視点からの意見を求めていただけるようにもなりました。

ほかにも、病院の中で子どもたちにかかわる人には、ケアをなさっている方がいます。清掃スタッフさんがいます。薬剤師さんや心理士さん、ソーシャルワーカーさんもいます。すべての方たちが、なんらかの形で情報をお持ちです。病棟で、エレベーターの中や階段の途中で会ってお話をしたときに、その情報をいただくことができます。

「院内学級に行ってるんだってね」と子どもたちに話しかけてくれるスタッフさんもいます。みんながかかわることで、「あなたのことを気にかけているよ」「あなたのことを大切に思っているよ」というメッセージが子どもたちに伝わります。

子どもたちを真ん中に置いて、よりよい連携を行うためには、定期的に会議を持ったり、連絡ノートを作ったりというシステムとしての整備も大切です。そのうえで、ふだんから足しげく通ったり声をかけたりして、顔の見える関係になっておくことの大切さを感じています。

前籍校・在籍校との連携

たとえ籍を移していても、どんなに院内学級でのかかわりが深くなっても、子どもたちにとって、「自分の学級」は決してここ（院内学級）ではありません。退院をして戻る学級なのです。「担任の先生」は退院をして戻る学級の先生です。私たちはあくまで「病院の中の学校の先生」でしかありません。あくまでもここは入院をしている一時的な場なのです。学校の中でのかかわりで、身体に不調が出て入院をしてきた子どもたちにとってもそうなのです。

子どもたちは、体調がある程度回復してくると、やはり学校のことが気になりだします。学習のことや友達のことを不安に思う子たちもいます。少しでもその不安を軽減できるように、前籍校や在籍校に連絡を取ります。学校間の連携も大切です。学籍や出席については管理職の先生に。学習や友達については担任の先生に。身体や医療的なことについては養護の先生に。ときにはスクールカウンセラーに。窓口を考えながら、子どものようすや思いを伝えたり、学校の情報を教えていただいたりしています。まだまだ、院内学級についてご理解をいただいていない方もいて、連携を取ることが難しいこともあるなど、課題も大きいです。

小学校2年生の男子が退院をして学校に戻るにあたり、学校を訪問させていただき、学級担任と養護の先生にお子さんの状態と配慮が必要なことの説明をしました。保護者の許可をもらい、ドクターと打ち合わせした内容もお伝えしました。看護師と保育士が作ってくれた疾病の説明のボードを使ってお話をしました。医療領域の言葉を教育領域の言葉に訳してお伝えするなど、それぞれをつなぐ役割をしています。

誰もが子どもたちのことを考えています。そのお子さんにとってよりよい形をつくっていくためには、かかわる人たちがそれぞれの立場の専門性を尊重してつながる必要があります。そのときにこそ「子どもを真ん中に置く」という立ち位置がとても大切であると感じています。

チームになる
―子ども（当事者）もチームの一員です

「子どもたちを真ん中に置いて！」

「お子さんにとってよりよい形をつくっていくためには、かかわる人たちがそれぞれの立場の専門性を尊重してつながる必要があります。そのときにこそ『子どもを真ん中に置く』という立ち位置がとても大切であると感じています」と前述しました。

図で表すと、下のような感じでしょうか。

状況によっては、病棟保育士さんや言語聴覚士さんに入っていただくこともあるでしょう。養護教諭

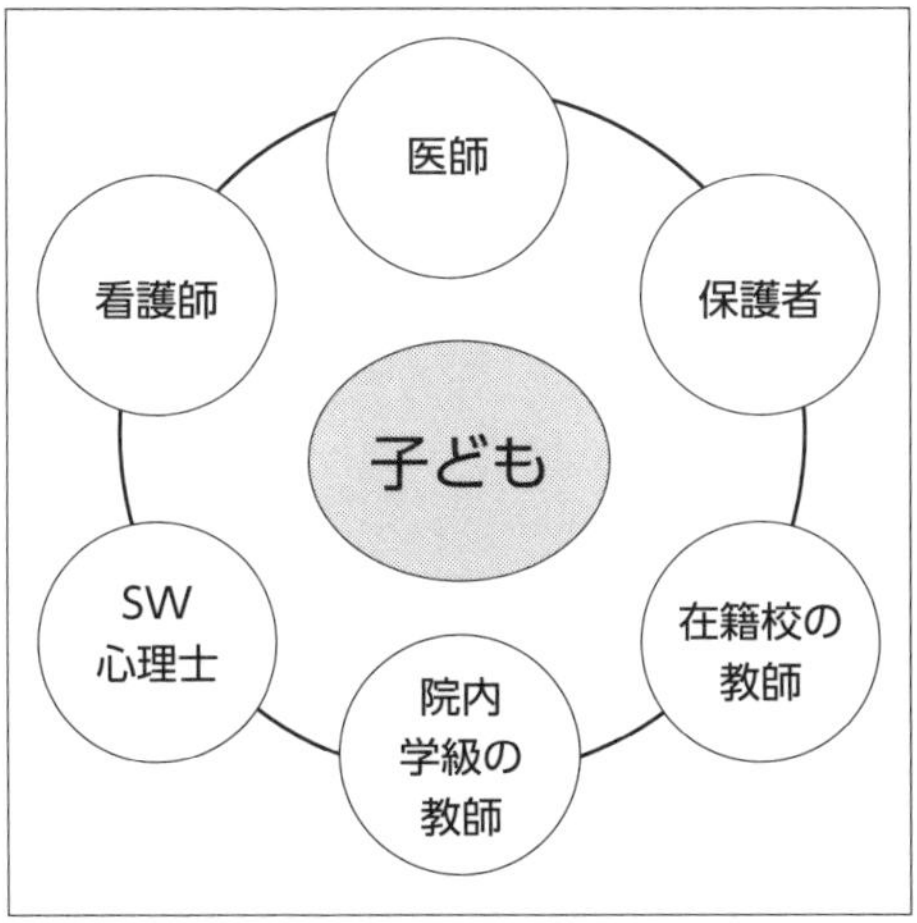

や特別支援教育コーディネーター、スクールカウンセラーなど在籍校の方々に入っていただくこともあるでしょう。子ども家庭支援センターや児童相談所、警察の方に入っていただくこともあるかもしれません。

私が持っていた「チームでかかわる」というイメージは、前ページの図のような形でした。子どもたちに真ん中にいてもらうことで、たくさんの連携を行ってきました。いえ、やっと行えるようになったというのが実際のところです。

病院という組織の中に「教育」を担う立場の教師の存在が大切であると考えてもらうためには、子どものことを一緒に考えることのできる人間であるということや、教育という立場からの見方や知識が医療においても役に立つということを知っていただく必要がありました。

その必要性を感じている医療スタッフの協力を得て、少しずつですが、病棟の中に教育関係者がいることを当たり前に思ってもらえるようになりました。病棟師長さんのご理解はその動きを大きく進めてくれました。

医療スタッフが、病棟会（看護師を中心とした勉強会）で、「ＡＤＨＤの子どもへのかかわり方」や「不登校の児童・生徒の理解」をテーマとして取りあげています。その会で話をする機会をいただきました。病棟でのかかわりや退院に向けて、子どもたちのことを発達や教育の面からも理解する必要性を感じてくれています。

何よりも大きかったのは、子どもの変化です。そのベースとなったのは、私自身の認識の変化でした。院内学級の役割は「治療のエネルギーをためること」がとても大きいと思えたことです。入院をしている子どもたちにとって、治療は第一です。確かに、学力の保障やスムースな学校復帰も大切です。しかし、それを教師が前面に押し出し、主張をしても医療者の理解は得られませんでした。

「明日も学級に行きたいから、薬もしっかり飲む」「注射も頑張る」「早く寝る」、というエネルギーを子どもたちが学級で持てたとき、「教育」がそこを担えたときに、今まで教育についてあまり優先順位の高くなかった医療スタッフともつながることができるようになりました。

「子どもを真ん中に置く」という立ち位置が、チームでのかかわりを大きく前進させることに有効であったと考えています。

「ぼくだって、知りたいよ！」

ベッドの上にいる子は、よい患者であることを求められます。生活や成長・発達の連続性から切り離して治療は行われます。治療を進めていくうえで、それは大切なことです。医療者は、常に最適な治療法を考えています。子どもが小さければ小さいほど、状態が重篤であればあるほど、そこに、患者である子どもたちの選択が入る余地はありません。「子どもに告げないでください」という保護者の方もいらっしゃいます。

ですが、大人でも、目標や見通しが持てないことを頑張っていくことは、とても難しいことです。子どもたちも同じです。「いったいこれ以上、どう頑張れっていうのよ！」「どうなるかわからない……」そんな子どもたちの声も聞きました。

ＩＣ（インフォームド・コンセント）……治療方針の説明は子どもたちにも行われるようになってきました。その子どもの発達や理解に応じて説明をし、納得したうえで治療を進めていくということです。そのような機会も増えています。子どもたちのことを周りの大人たちは一生懸命に考えます。そこで話し合われたことが子どもたちに伝えられます。「このようにしていきます」「いいですね」と。子どもたちは「はい」とうなずきます。

そして、子どもたちは治療に向かいます。それが当たり前だと受け入れています。しかし、子どもたちから聞こえてくることがあります。「私のことを勝手に決めないで……」と。

真ん中に置くのは……

そうなのです。この2年間、子どもたちとのかかわりを通して考えてきたこと、行ってきたことは、少し違っていたかもしれません。今、私が考えているチームの図は下のような形です。

真ん中に置くのは子どもたちではありません。子どもの位置は、チームの輪の上です。彼ら彼女らもチームの一員です。そして、真ん中に置くのは子どもたちが抱えている「困難」や「課題」ではないでしょうか（システム論や外在化を考えていらっしゃる方には当たり前のことかもしれません）。

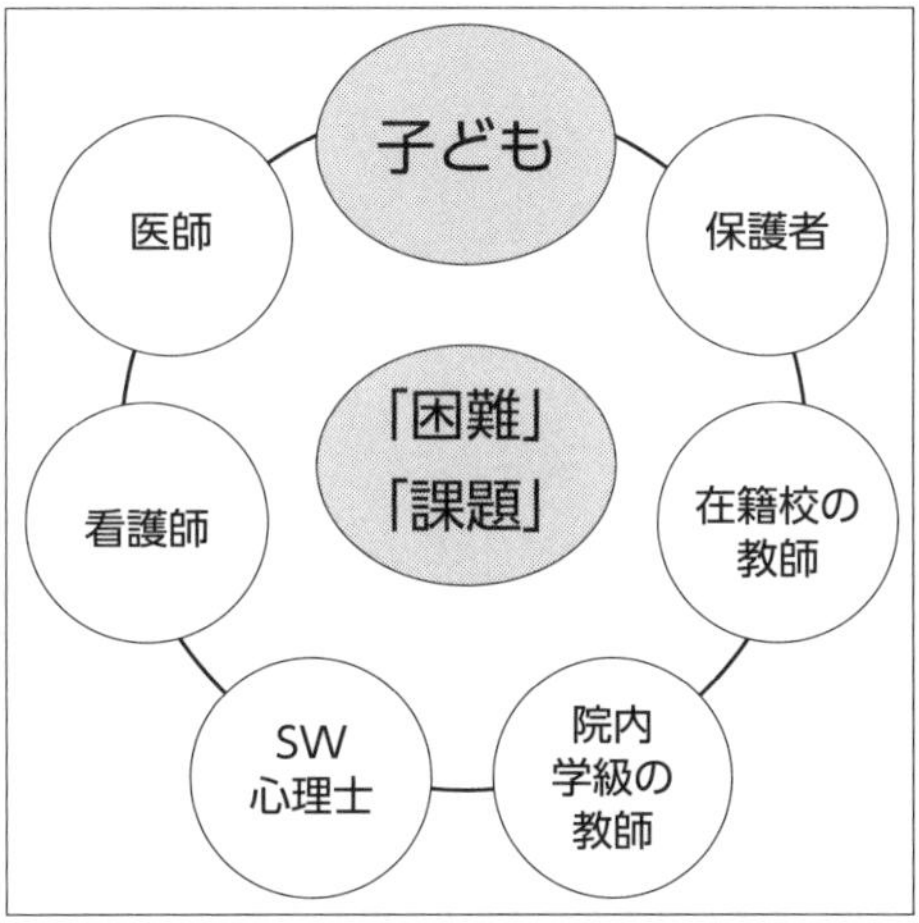

もちろん自分の疾病を「聞きたくない！」という子どもたちもいます。チームの一員なのだからと無理矢理に聞かせることは間違っています。話し合いの中にどの程度参加するのかなど、当事者に対する配慮は大切です。

「困難」や「課題」を真ん中に置いて、当事者の子どももチームの一員である、そんなチームをつくっていきたいと思うのです。

【参考資料】パッチ・アダムス＆高柳和江 著「パッチ・アダムス　いま、みんなに伝えたいこと」（主婦の友社、2002年）

教師の大切な4大かかわり
―好きなこと得意なことでかかわる

「好きなこと……ない……」

子どもたちは、ドクターから許可をもらい、病棟のベッドから動けるようになって、初めて学級に来てくれます。そこで必ず書いてもらうものが「名前・学年・誕生日」と『自己紹介カード』です。

自己紹介カードの項目の一つに、「好きなもの」「得意なこと」があります。「好きなものは、食べ物でもいいし、生き物でもいいし、やると楽しいことでもいいし、今ハマっていることでもいいし……」と説明します。「得意なことは、周りの人から見てではなくて、自分の中で考えて書いてほしい」と伝えると、ほとんどの子どもたちは、うれしそうな表情や何かを思い出している顔をして書いてくれます。

しかし、ときどき、「好きなこと……、ない」「得意なこと……、わからない」と、困ったような顔や凍りついたような表情で伝えてくれる子どもたちがいます。自己紹介カードには、「ない」「ない」……の文字が並びます。初めての環境に緊張をしているせいかもしれません。まだ、カードを書くほどのエネルギーがたまっていないせいかもしれません。本当に、好きなことや得意なことがないのかもしれません。

どうして自分の好きなことや得意なことがわからないのだろうと、その子とかかわりながらいろんなことを考えます。そんなときは「今、思いつかないなら書かなくていいよ。空けておいて」と伝え、思いついたときに書けるようにしておきます。

教師の大切な４大かかわり

私の学級での子どもとのかかわりは、平均４日から５日です。平均ですので、１日だけのかかわりの場合もあれば、数年にわたってかかわることもあります。私には、どんな子どもたちとのかかわりにおいても大切にしている「４つのかかわり」があります。

１・本人の好きなこと、得意なことを探り、その面でつき合う。

２・子どもに活躍の場を与える。

3・本人が安心していられる場所をつくる。

4・不安や緊張や怒りや嫌悪などの不快な感情を、言葉で表現できるように促す。

これらは、不登校の子どもにかかわり、問題をよい方向に向けた教師と、不登校の子どもを学校から出さなかった教師が「子どもたちに必ず行いたい」とした4つの手筋です。ある市で行われた調査の結果から、東京学芸大学大学院の小林正幸教授が導き出した手筋です。他県での調査からも、これらの手筋は学校で苦戦をしている子どもたちにとって大変、有効であることがわかっています。病気を抱えた子どもたちはもちろん、すべての子どもたちに必要なかかわりであると考えて実行してきました。

「自己紹介カードのどの項目を見ますか?」

子どもたちに聞いたことがありました。

「好きなことや趣味が自分と同じかどうかを見る」という回答がいちばんたくさんありました。子どもたちも友達関係において「好きなこと」を切り口にしてかかわっているのだなと思いました。教師も子どもの好きなことや得意なことを知り、その面でかかわることが大切であると、あらためて感じました。

そのため、「好きなこと……ない」「得意なこと……わからない」と伝えてくれた子どもたち、「空けておいていいよ」と伝えた子どもたちには、とても配慮をしながらかかわっていきます。かかわることのできる日数が少なく、たとえ一日だったとしても、「好きなことや得意なことを探り、その面でつき合う」ように心がけています。

教室でのかかわりのなかで子どもをしっかり見ていると、必ずそのきっかけが見えてくるのです。子どもが選ぶ遊びの中に、会話の中に、持ち物の中に、反応の中に、「好きなこと」「得意なこと」が見えてきます。

持ち物のなかにあるキャラクターを見つけ、「○○モンが好きなの？」と投げかけ、「入学のお祝いにもらっただけだから、別に……」と言われたこともありましたが、できるだけ、きっかけを見つけてかかわっていきます。教師が子どもの好きなことの中身についてすべて知っている必要があるわけではありません。たとえそのことについて教師が知らなくても、「教えて！」「知りたい！」という意思表示からは、「あなたのことに関心がありますよ」「あなたにかかわりたいのです」というメッセージが伝わるはずなのです。

「たいいんしたら」

たいいんしたら

友だちとなかよく
あそべたらいい
まい日元気で
いられたらいい
みんなが
わらってくれるといい
家に帰って
ゲームができるといい
すきなものが
たべれるといい

という詩を書いてくれた子どもがいました。

病気やけがが治ったら、少しでも調子がよくなったら、退院したら、あんなことをしたい、こんなことをするんだと考えています。その一方で、もしも治らなかったら……という不安が頭の片隅にある子もいますが、子どもたちは、「好きなことや得意なことをやりたい」「やることができる」と思うだけでエネルギーが出てくるようです。エネルギーがたまってきたので好きなことや得意なことに取り組めるようになるのかもしれません。

好きなことや得意なことに取り組めるようになってくると、病棟のスタッフたちからも「最近○○さん、治療に前向きになってきました」という話を聞くことが増えてきます。そして、好きなことや得意なことに取り組む集中力や粘り強さが見られ、あまり好きでもないことやちょっと苦手だと思うことにも、挑戦しようとする姿が見られるようになります。

「本人の好きなことや得意な面を探り、その面でつき合う」かかわりは、子どもたちに、自分が自分のままでよいという気持ちや、自分にはできることがあるという気持ちを持ってもらうことであり、子どもたちに、安全で安心な居場所を提供することにほかならないと考えています。子どもたちが好きなことに熱中をして取り組める環境を整えたいと思っています。

そして、このようなかかわりは決して、病気の子どもたちに限定されたものではないと確信しています。病弱教育の考え方や院内学級での実践には、どの学校でも、どの子どもたちにも有効なことがたくさんあります。情報や実践の共有を図っていきたいと願っています。

【参考資料】小林正幸・大熊雅士 編著『≪頑張れ先生シリーズ１≫不登校にしない先生・登校を支援できる先生』（明治図書、2009年）

子どもの情報を把握する
―病気による困難を抱えた子どもたちを支えるために

病気による困難を抱えた子どもたち

院内学級の子どもたちとつき合ってきて、私自身の意識が変化してきました。

以前、私は「病気を抱えた子どもたち」という言葉を使っていました。

本人が病気であることで、苦しみやしんどさを抱えている子どもたちをどのように支えていけばよいか、ということをずっと考えてきたからです。

しかし、今多く使っているのは、「病気による困難を抱えた子どもたち」という言い方です。

そのような言い方に至ったのには、いくつかの出来事がありました。

「子どもたちは元気ですから」

数年前の夏、私に、ある病院の緩和医療を行っているドクターから、オーダーが入りました。そのオーダーというのは、「緩和ケア病棟で子どもたちに会ってください。クラウンとしてかかわりをお願いいたします」というものでした。

緩和ケア病棟で子どもたちに……。「よし！」と思いました。

病院に行き、着替えやメイクをすませ、道具が入ったトランクをガラガラと運びながら、ドクターと病棟に向かいました。その途中で私は、もう一度ドクターに確認をしました。

「気をつけなければならないことを確認させてください」と。

なぜなら、点滴がついていたり、無菌室に入っていたり、体調が変化していたり……。そんな子どもたちと過ごすのだと思っていたからです。

するとドクターからは、

「あ、大丈夫です。子どもたちはみんな元気ですから！」

一瞬、「え？？？」となりました。

そうなのです。緩和ケア病棟に入院しているのは、子どもたちではなかったのです。彼ら彼女らにとって大切な人であるお父さんやお母さんが、入院していたのです。その子どもたちと「かかわってほしい」というオーダーだったのです。

自分ではなく「家族の誰かが重篤な疾病により入院している」、そんな子どもたちがいるのだということもあらためて意識しました。

その日は、私のクラウンのパフォーマンスを楽しんでもらったり、ＣＬＳ（チャイルド・ライフ・スペシャリスト）の方々の協力を得て、自分の大切な物を入れる宝物入れを、お家の方と一緒に作ったりして過ごしました。

いろいろな形で表現をしてくる姿を見て、「ここにも病気による苦しみやしんどさを抱えている子どもたちがいる」ということを考えました。

「早くよくなるといいなあ」

小学校低学年のお子さんがいました。そのお子さんの上のきょうだいがとても重篤な病気にかかってしまいました。

上の子が入院をしていたので、お母さんは看病のために病院につきっきりでした。

その子は、周りに迷惑をかけてはいけないと、言いつけを守り、一生懸命に学校に通ったり、お家のお手伝いをしたりしていました。笑顔いっぱいにして……。

そんな頃、お母さんから「朝、学校へ行くのに、ぐずったりして、とても時間がかかるのです」

「学校に行っても保健室で過ごす時間が増えているそうです」というお話をうかがいました。

学校とも連絡を取り、朝はご家族が学校の近くまで送って行くなど、さまざまな支援や取り組みをしていました。

しかし、ある日とうとうエネルギーがなくなってしまったのかもしれません。その子は、お家から出ることができなくなってしまいました。

田舎からおばあさんに来ていただいたり、登校することができたときには養護教諭と保健室でゆったりと過ごすことを許可していただいたりするなど、その子にエネルギーをためることを、関係者と協力をして考えていきました。

そして、時間はかかりましたが、少しずつ、エネルギーを取り戻してくれました。

きょうだいが病気になるということも大きな出来事です。ほかのきょうだいは多くの我慢や葛藤を抱えています。

病院の待合室で、夜、コンビニエンスストアのお弁当を食べ、学校の宿題をしているきょうだいたちもいます。小児科の病棟は、感染などの対策から子どもが保護者と一緒に病棟内に入れないところも多いのです。

そのような日々を送りながらも、次の日、そのきょうだいたちはいつものように、学校の教室にいるのかもしれません。

「もう大丈夫です」

「退院しました。完治しました」となり、ふだんは「もう大丈夫」と言っている子どもたちの中に、少しでも熱が出たり痛みがあったりすると、「もしかしたら……」とよみがえってくる怖さや苦しさなどの不安におそわれている子もいます。

また、本人が病気でなくても、現在、治療中でなくても、病気による不安を抱えていたり、親やきょうだいが病気であったり、大切な友人が病気であったり、そんな「病気による困難を抱えている子どもたち」がたくさんいるのだという当たり前のことを、再認識しました。

そんな子どもたちが、学校に通ってきている、教室に座っているということを頭の片隅に置いていただけると、そのような子どもたちが目の前にいるかもしれないというアンテナを持っていただけるとうれしいです。

「できるだけ先入観を持ちたくないので…」

先入観を持ちたくないからと、子どもたちの引き継ぎの資料を詳しく読まなかったり、前の担任からの情報をあと回しにしたりするという声を耳にすることがあります。恥ずかしながら、私も教師になりたての頃にそう思った時期がありました。

今は、その考え方は間違っていたと思います。子どもたちの情報はできる限り持つ必要があります。そのうえで、子どもたちの前では、その情報を知らないことにしてかかわることができる、偏った見方をせずにかかわることができることこそ、大事な力だとも思っています。

多くの子どもたちを支えられるように、子どもたちの情報をできる限り把握したいと思うのです。

【参考資料】満留昭久 編「学校の先生にも知ってほしい　慢性疾患の子どもの学校生活」（慶應義塾大学出版会、2014 年）

第6章

教育だからできること

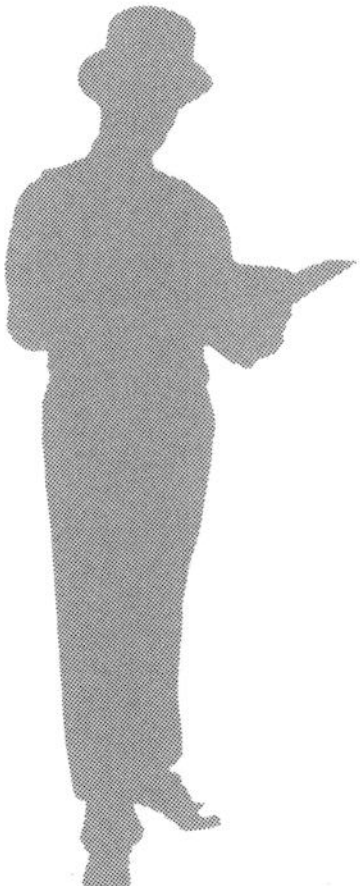

自分が大切　だから　ひとが大切

―「いのちの学習」で伝えたいこと

「いのちは大切です…！」

「いのちの学習をしていただきたい」という声をかけていただくことが増えてきました。「院内学級のことを話してほしい」という機会が増えてきました。関心を持ってくださる方が少しずつでも増えていることは、本当にありがたいことです。

通常学級の担任をしているときも「いのちの学習」の実践は、先輩方から教わり、試行錯誤をしながら行っていました。教科・教科外を通して、「いのちが大切」であることを子どもたちに伝えてきたつもりでした。

それでも、なかなか腑に落ちる実感が得られません。それは、今の立場になってからも変わりませんでした。どのように行っていけばよいかと苦しんでいるときに、子どもたちから教わったことがあります。

ある男の子がいました。内臓に疾患があり、小さい頃から入退院を繰り返している子でした。その子が高校生になったとき、体調を崩し再入院して来ました。その子は、日々たくさんの不適応行動をしています。「そんなことをしたら、体調が悪化するのは当たり前だ」と言われます。「高校生になってそんなこともわからないのか」と叱られます。

そんな彼が二人でいるときにつぶやきました。「どうだっていいんだよ……俺なんか……」

彼は自分自身のことを大切に思えないのだということが、ひしひしと伝わってきました。

自分のことを大切に思えない子に「いのちは大切です」と伝えても、それは別の世界のお話に聞こえてしまいます。自分のいのちを大切に思えない子に、「そうだよなあ。いのちって大切だよなあ」と思ってもらえるために、私に何が伝えられるだろうと考えました。その子自身が「自分が大切」と思えるようになるにはどのようにすればよいのだろうと考えました。

自己チューと言われる子どもに「自分が大切だと、これ以上伝えてよいのですか？」というご指摘もいただきました。自己チューと言われる子どもたちは、何のために自己中心的でなければならないのかと考えます。「自分は大切な存在である」、「自分は大切にされている」という実感を心から持てずに、「もっとぼくを、私を見て！」と、「もっともっと」と叫んでいるように見えるのです。自分の隣にいる人のことさえも目に入らなくなってしまうぐらいに……。

「いのちの学習」の実際

ある小学校から声をかけていただきました。3年生以上の子どもたち、保護者、地域の方、教職員に向けて話をしました。

このときは、大きく次の三つのことを伝えたいと考えました。

○どんな感情も大切にしてほしい
○あなたはひとりじゃないよ
○いのちは誰にとっても同じ「1」（ひとつだけということ）

まず、VTRを観ながら、さいかち学級のようすを紹介しました。教室には、車いすを使っている子や、点滴をつけている子がいることを知ります。学級通信などを紹介しながら、各教科の学習があることや休み時間もあること、始業式や終業式、卒業式などもあることを知ります。

「病気なのになんで勉強するの？」という質問をよくもらいます。初めは、不安から学習をしていた子どもたちが、「入院をしていても学習ができること」に気づき、取り組みを始めることをお伝えします。

次に、「病気を抱えた子ども」に対するイメージを出してもらいます。そのときに持つイメージでは、自分が当事者になる意識ということがほとんどないことに気づいてほしいと思います。

そのうえで、「想像すること」「視点を変えること」の大切さを感じてもらい、詩や子どもたちの言葉を紹介することで、もっと身近に感じてもらえるように考えています。しかし、病気やけが、死を身近に感じると子どもたちはとても不安になります。小学校低学年の子どもたちの中には、そわそわ動きが始まる子がいたり、高学年の子どもたちの中には、表情をなくして固まってしまったりする子もいます。当然の反応だと考えます。

そこで次に、「どんな感情も持っていていいよ」「不快な感情も持っていていいんだよ」ということを伝えます。また、たとえ病気になっても、「たくさんの人とのかかわりがあること」「ひとりぼっちではないこと」「特別な存在ではなく仲間であること」を伝えます。この話を聞いているときの子どもたちは、とてもホッとした表情になります。

そして、「あなたがそこにいることはとてもすてきなこと」であることを、詩を紹介しながら伝えます。「いのちは、誰にとっても同じ1」なのだということを伝えます。

最後に、病気を抱えた子どもたちの気持ちを想像し、友達だとしたらなんと声をかけたいと思うかを宿題として考えてもらいます。

授業後に子どもたちが書いてくれた感想をいただくことがあります。それを読むと、一生懸命に考え、聞いてくれたことが伝わってきます。それと同時に課題も伝わってきます。

それは、病気を抱えた子どもたちに対して思いやりのあるかかわりをしたい、考えていきたいという思いを、クラスの身近にいる友達に対しても持ってもらうには……ということです。

まだまだ、やるべきことがたくさんあります。

「いのちの学習」指導案（略案）

時間	学習内容
5分	院内学級の紹介
5分	自分が病気に対するどのようなイメージを持っているか知る ○「病気を抱える子ども」と聞いてどんなイメージを持ちますか？
10分	病気を抱える子どもたちの願いを考える 身近な存在であることに気づく ○「詩を書いてみよう」…… 「そうだったらいい」（参考：中川ひろたか作「へいわ」） ○詩の紹介をする
10分	不快な感情も持っていてよいことを知る ○感情の扱い方 ○子どもたちのつぶやきを聞いてください
5分	ひとりじゃないこと、いのちは誰にとっても同じ「1」であることを知る ○詩の紹介をする
5分	病気を抱える友達へ伝えたいことを考える ○「病気を抱えるお友達」はどんな気持ちだと思いますか？ その友達になんと言ってあげたいですか？
5分	○感想・質疑

【参考資料】中川ひろたか 詩、村上康成 絵『あいうえおのうた』（のら書店、2004年）

治療のエネルギーをためる
―教育だからできること①

病気を抱えた子どもに なぜ教育が必要なのでしょう

「『病気を抱えた子ども』と聞くとどう思いますか？」

小学生にたずねると、

「かわいそう」「苦しそう」「死んじゃうのかな」「退院できるのかな」「うつらないの……？」

という言葉が返ってきます。

そういう気持ちはとても大切だと思います。大人は、子どもたちが病気でたくさんのものを喪失するということを知っています。

愛着の形成・安全感・自由・自主性・仲間・教育……。

そして、このことは、子どもたちの発達に大きな影響を与えてしまいます。

小学生にしても、大人にしても、どこに立って前ページのような言葉を発しているのだろうと考えるときがあります。

私たち教師は、子どもたちに「相手の気持ちを考えなさい」と言います。しかし、当事者の気持ちになるということは、大人でもとても難しいことです。病気を抱えた子どもたちの気持ちになるということは本当に難しいことですし、とても大切なことだと思います。

そのためには、視点を変えて物事を見る力と、想像する力を身につけていきたいと思います。

「元気になったらおいで」

入院をした子どもたちや自宅療養をしている子どもたちに、よく伝えられる言葉です。

「しっかり治してから戻ってくればいいよ」

「待っているよ」

「今は治療に集中して、一日でも早く回復をすることが大切」

「学習はそれからでも十分、追いつけるから」

確かに教師や大人から見たらそうなのだと思いますが、これらの言葉は子どもたちにとっては、自分が学校や社会から「遠ざけられてしまった」と感じてしまう言葉です。

大人は、ある程度成長・発達が緩やかになった存在です。それに対して、子どもという存在は、急激な成長・発達の連続性の中にいます。

その成長・発達の途中で病気になるということは、その後の未来に大きな影響があることはご理解いただけると思います。

また、回復し、元気になった状態で戻れたとしても、子どもたちはそこで初めて自分が考えていた世の中と違っていることに気がつきます。

「待っているよ……」と、先生は言ってくれました。

「みんな覚えてくれているかなあ」

「今頃、何をしているかなあ」

「戻ったら、みんなと○○をして遊ぶぞ」

そんなことを治療のエネルギーにしていきます。

そして、回復、退院、復帰。

そうです。その言葉どおり、回復し、戻って来てくれることを周りは待っていてくれたでしょう。その言葉に偽りはないです。

ただ、子どもたちの成長・発達は待っていてはくれません。子どもたちもクラスも、自分の予想以上に成長・発達していることをしだいに理解していきます。

そのときに、自分の居場所がクラスにあるかどうかは、とても大きなことです。その子が自分自身の居場所があると思えるかどうかが大きいのです。

どんな状態の子どもたちであっても、何らかの成長・発達は続いています。治療はある意味、その連続性を切り取って行うものかもしれません。

だからこそ、子どもたちの成長・発達の連続性を保障する存在やかかわりが必要です。そこは、教育が担うところであると思うのです。

そんな子どもたちに教師が、「今は治療に専念しなさい」という言葉をかけたとしたら……。子どもたちに果たして治療に向かうエネルギーをためることができるでしょうか。

「たった4〜5日のかかわりに教育が必要ですか?」

平均6日。

これは、私が担当している院内学級のある病院の小児科の在院日数の平均です。特別な数字というわけではありません。

２００７年の14歳未満の子どもの、全国の平均在院日数は９・４日。10日を切っています。私のいる教室に子どもたちが来てくれる平均日数は、５日ありません。

一方、半年以上の入院を余儀なくされている子どももいます。

増えていると感じるのは、再入院の子どもです。ある子どもは、１年間に７回の入院がありました。

そんな状況の子どもたちに、「果たして、教育が必要なのですか?」と問われることがあります。

教育関係者に院内学級や、病気を抱えた子どもたちへの教育の必要性を伝えるときには、「学習空白をうめます」「学力の保障をします」と言うと、「必要ですよね」と言っていただけます。

しかし、医療関係者にそのように伝えてもそうはいきませんでした。

10年前、院内学級に配属になったときの忘れられない出来事があります。

私が、「この子に勉強を教えたいのです」と伝えたとき、ある医療者から言われたことがあります。

「今、この子にとっては治療が第一です。もう少し状態がよくなってからお声かけいたします」

「それはそうですが……」と奥歯をかみしめたことを覚えています。

確かに、「勉強」という言葉を使ったことを反省しています。しかし、子どもたちの成長・発達は連続しています。

子どもたちにとって「学ぶことは、生きること」です。たとえ一日だけのかかわりであったとしても、その保障をしたいと考えていました。そして、「発達の保障をしたいので会わせてください」とお願いをしたところ、子どもたちにかかわることを許可していただきました。

このことは、医療者と教育者の意識の違いを考えると同時に、医療と教育の間の言葉の扱いの違いもまた、課題であると感じた出来事でした。

【参考資料】副島 賢和『院内学級「さいかち学級」での取り組み（特集いのちを大切にする教育）』（「教育と医学」慶應義塾大学出版会、2013 年 9 月号）

医療との連携の中で育てる

―教育だからできること②

治療が第一

院内学級に配属になった先生方に伝えていることがあります。

その一つは、「エネルギーを調整してください」ということです。

子どもたちのエネルギーも、子どもたちとかかわる私たちのエネルギーもそうです。そのなかで必ず伝えるのが、「入院している子どもたちにとっての第一は、やはり治療である」ということです。

院内学級は、子どもたちが患者ではなく、一人の子どもに戻れるところでありたいと考え、準備をしています。そのため、子どもたちはたくさんの頑張りを見せてくれます。

私たち教師もつい、子どもたちの頑張りに甘えてしまい、彼らのエネルギーを使わせすぎてしまうことがあります。

私も院内学級に配属になった当初は、「治療が第一」という意識は薄かったように思います。退院後、学校に戻る、社会に復帰するために何ができるか。という意識が大きかったように思います。

ですが、医療者とチームとして協働していくにあたり、医療スタッフに「子どもにとっての教育の必要性」を一生懸命伝えていたときよりも、私自身が「治療に向かうエネルギーをためる場所としての院内学級」をしっかりと意識できるようになってからのほうが、チームとしての協働は大きく進みました。

入院をしている子どもたちにとって、「治療が第一」なのです。教室は治療に向かうエネルギーをためる場所なのです。教室でエネルギーを使い過ぎてしまったり、友達とのトラブルなどで、嫌な思いを持ったまま病棟に戻ったりして、治療に向かうことができなかったとしたら……。

それは院内学級としての大きな役割を果たしたことにはならないと思うのです。

明日も学級に行きたいから……「薬も飲む」「注射も頑張る」「ごはんも食べる」「早く寝るよ」となってほしいと思うのです。

身体の声を聴きたい

とても悔しい経験をしたことがあります。

ある小学校中学年の女の子が入院をしてきました。彼女は、消化器系の疾患で入退院を繰り返していました。

身体の疾患もあるのですが、精神的な面もとても影響が大きいようでした。

子どもたちの心と身体はとても密接に関係しています。

その子が約半年ぶりに再入院をしてきました。前年の彼女のようすを考えると、半年よく頑張ったなという印象でした。

しかし、病棟の判断はそうではありませんでした。病院が彼女の辛いことがあったときの逃げ場になってはいけないという判断でした。

また、彼女の大好きな院内学級に通ったら退院が延びてしまうかもしれないから、という判断もありました。

院内学級が子どもを甘やかすだけの場になるのは、違うと思っています。

私たち院内学級の担当は、「受容（感情を受け止めること）はするが、許容（行動を容認すること）はしない」ということを大切にして、かかわっています。

外に出ていくエネルギーが足りないときは、それをためることができるのが院内学級でありたいと思っています。

今回彼女が入院になるまでに、たくさんの段階があったはずなのです。

授業中の成功体験で回復したこともあるでしょう。

休み時間の友達との遊びで回復したことや、放課後の先生との何気ないおしゃべりで回復した日。保健室で過ごすことで回復した日もあったでしょう。何日か学校をお休みすることで回復したこともあったのではないでしょうか。

そして今回は、そのレベルでは回復できなかったから病院まで来たのだと思うのです。

辛くなったり、苦しくなったりしたときに、身体症状で表現し、病院で過ごすことで、エネルギーをためようとする子どもたちがいます。そんな子どもたちを、身体に反応が出ているうちに救いたいと思うのです。

教育だからできること…肯定的自己認知を持てるように

そんな子どもたちの多くは、自分のことをマイナスのイメージで見ています。

「自分はだめだ」「自分は役に立たない」「自分は愛されない」「自分はひとりぼっちだ」……と。

特に、何度も何度も入退院を繰り返している子どもたちは、この傾向が強いように感じます。「否定的自己認知」と言われるものです。いじめにかかわる子どもたちや被災地の子どもたちもそうですが、自分の力で今の状況を変えることはできないという思いを味わわされている子どもたちが、否定的自己認知の渦の中にいることは、ある意味当然といえるでしょう。病気を抱えた子どもたちの多くも同様です。

教育の仕事は、子どもたちの「肯定的自己認知」を高めることだと考えています。

「自分は自分でいい」「自分は役に立てる」「自分は愛されている」「自分には仲間がいる」……そんなふうに自分のことを思えるように、かかわったり、学習を組み立てたりすることができます。

ある日の朝の会でみんなで読む詩を選ぶときに、たくさんの要素を考えます。そのなかには、子どもたちに伝えたいメッセージが必ずあります。

そのことを伝えたときに、ある先生から「そこまで考えて選ぶんですか？」とたずねられ、思わず「考えて選ばないのですか？」と問い返してしまいました。

「子どもとかかわるときに、意図がないことはありえないですよね」と。

いつもいつもうまくいくとは限りませんが、子どもたちとのかかわりは一つ一つ考えながら行っています。

子どもが今、自分を肯定的に見ているのか、それとも否定的に見ているのか。それを考えるだけでも、その子への声かけも含めて、かかわり方は違ってくるはずです。

一方、心理士さんのかかわりは、子どもの否定的な認知にしっかりとよりそうことではないでしょうか。「自分はだめだ」と思っている子どものそばにいて、「そう思うと辛いねえ……」と、かかわることが大切だと思うのです。

院内学級の教師や養護教諭は、この両方を行ったり来たりしているのではないでしょうか。そしてこの力は、子どもたちにかかわるすべての教師に必要な力であると思うのです。

【参考資料】近藤卓 編著『基本的自尊感情を育てるいのちの教育』（金子書房、2014年）

病気療養児に対する教育の充実について
――文部科学省通知

平成25年３月、「病気療養児に対する教育の充実について」という通知が文部科学省から出されました。「病気療養児」の「教育」について通知が出されたのは、実に約20年ぶりのことです。この通知について、考えたいと思います。

小児がん拠点病院の指定に伴う対応

厚生労働省において「小児がん拠点病院」の指定が行われました。この指定に伴い、さまざまな手続きが増加し、今以上に入退院が頻繁になることなどが予想されます。

（1）手続きの可能な限りの簡素化について

制度上は、転校、在籍の異動が必要です。手続きについても後追いになっていることが現状です。5月1日の学校基本調査の調査日に子どもたちがいても、手続きがうまく進まないこともあります。学年が上がるときに在籍が院内学級にあると、その子は、自分が戻る学校でのクラスも担任の先生も未定となってしまいます。その場合、子どもたちの治療や退院に対する意欲が下がってしまうという姿を見てきました。

また、せっかく教育を受けられる制度があるにもかかわらず、保護者にも教師にも知られていずに、その機会を逸している子どもたちもいます。そこに「転校」という手続きがあるのも事実です。手続きの簡素化をより一層進めながら、学籍の異動という制度自体の見直しも考えていく必要があるのではないでしょうか。

（2）交流及び共同学習の充実について

「展覧会の作品を飾ってもらえなかったんですよ！　今でも納得がいきません」と、ある保護者から怒りと悲しみをもって伝えられたことがあります。私がこの学級に配属される前の出来事でした。そのお子さんは、いわゆる難病に指定されている病気の発症により、入退院を繰り返していました。そのときは、前籍校で展覧会が行われるタイミングでの再入院・転籍でした。展覧会の作品に途中まで取り組んでいたので、続きを院内学級で仕上げ、保護者が前籍校に持って行ってくれました。しかし、「展示することはできない」と言われたというのです。理由は「在籍がこの学校ではないから」ということ。「退院をしたらまた通う学校なのに、あなたはこの学校の子どもではありません」と突き放された感じがして、子どもにはとても言えなかったと話をしてくれました。

子どもたちにとっても保護者にとっても、病気やけがと闘うには「よりどころ」が必要です。確かに、院内学級など病弱教育を進めている場所にはその役割があります。しかし、子どもたちや保護者にとって、病気やけがをする前の学校に戻るという気持ちが、治療に向かうエネルギーとなります。そのことを理解しておく必要があると思うのです。

交流及び共同学習は、子どもたちに合ったさまざまな形で行うことができます。病院によっては、全国から子どもたちが集まることもあります。地元から離れて治療に向かう子どもたちがいるのです。小児がん拠点病院の指定に伴いこのことは加速するでしょう。その子が現在教育を受けている地域での交流及び共同学習も大切になります。

(3) 修得単位の取り扱い、指導内容・方法及び所要の事務手続きへの対応について

私のいる学級は小学校籍です。それでも、年間にかかわる中学生、高校生は40名近くになりま

す。慢性疾患などのために入退院を繰り返し、小学生のときからのかかわりが続いている子どもたちもいます。また、摂食障害や自傷行為など心の病を抱えている子どもたちや、脳腫瘍など重篤な状態の子どもたちへのかかわりにおいて、チーム医療の一員として院内学級を考えていただいています。

「出席扱いになりませんでしょうか？」――中学生の保護者の方からこのようなご相談を受けることが増えてきました。受験を控え、出席に対するウエイトが大きいのかもしれません。中学校の中には、学校長の判断により、私たちのかかわりを適応指導教室やフリースクールのような扱いにして対応をしていただいているところもあります。

しかし、現実のところ、私たちの手が届くのは小児科にいる中学生までで精一杯です。ほかの病棟にいる高校生（いわゆる後期中等教育）に対しては、ほとんどかかわることができていません。ある中学校では、定期考査を院内で実施する許可をいただき、実施しました。子どもも保護者も「たとえ病気の治療中でも……」と喜んでもらえました。本学級ではまだ実施されていませんが、入試を許可された話もあります。少しずつですが、対応が広がってきているという実感があります。実際には、ほとんどの子どもたちが就学をしている高等学校についても、その整備が待たれるところでしょう。

（４）センター的機能（特別支援学校からの助言又は援助）について

「そこの病院に入院をしていたお子さんではないのですが」……ある学校の副校長先生より突然電話がかかってきました。

「今度、脳腫瘍の手術を終えた子どもが学校に戻って来ます。学校として気をつけたほうがよいことを教えてください」と。

私はすぐにドクターに話を聞き、配慮事項をその学校にお伝えしました。

ある養護教諭の先生から言われたことがあります。

「私たちがふだんかかわっているのは、基本的に健康な子どもたちなんですよね。先生のお話を聞いて、身近に病気を抱えた子どもたちがいることがわかりました」と。

病気には本当にたくさんの種類があります。疾病名を聞いただけでは、どのように対応すればよいかわからないものも多いです。ふだん、健康な子どもたちとかかわっている学校では、なおさら難しいでしょう。しかし、そんな病気を抱えた子どもたちは、考えているよりも身近な所にいます。いつ、その対応に迫られるときがくるとも限りません。そんなとき、教師自身に知識や経験があることももちろん大切ですが、それ以上に、相談できるネットワークを持っていることが大切になってくると考えます。

病弱児を対象とする特別支援学校は、病気療養児への指導にかかわる相談について、助言や援助をできるように専門性を高めておく必要があるでしょう。私のいる学級は、特別支援学級ではありますが、病院の中にある学級のため、ドクターや病棟スタッフがすぐに話ができる所にいてくれます。都道府県によっては、病弱者を対象とする特別支援学校の数が少なかったり、学校が遠かったりする場合があるでしょう。

病弱児を対象とすると、特別支援学級も教師の専門性を含めた、センター的機能の一端を担うことができるようにしていく必要があると考えています。

退院後も通学が困難な病気療養児への対応

今回の通知では、「感染症への対策などの治療上必要な対応や継続的な通院を要するため、病院退院後も学校への通学が困難な病気療養児」に対しての適切な対応について述べられています。このことに言及されたことは本当にうれしく思っています。重篤な疾患、慢性的な疾患、心身症的な疾患……も含めて、退院はしたが、学校に戻ることができず、自宅にいる子どもたちもいます。再入院を繰り返す子どもたちにインタビューをすると、「退院で家には帰れたが、再入院するまで、けっきょく学校には行けなかった。そのまままた入院になりました」ということが増えてきています。ここにも、学びの保障が必要な子どもたちがいます。

(1) 病状や教育的ニーズを踏まえた指導のための教育環境の整備について

「退院後も院内学級に通うことはできないでしょうか？」

退院にあたり、保護者の方から相談されたことがあります。主治医から、退院後、在宅になり、学校にすぐに復帰することはできない旨の説明がありました。そのため、前籍校と在籍校の校長同士で連絡を取り合い、1週間でしたが、保護者の送り迎えという形でその児童の教育保障を行ったことがあります。その後も、同じような要望が何度かありましたが、すべてに応じられたわけではありませんでした。それぞれの院内学級において、退院後もなんらかのつながりを継続する例も増えてきましたが、まだまだ、その学級独自の取り組みの域を超えていません。

短期で退院ができたり、入院をしなくて済んだりという子どもたちが増えれば増えるほど、一方でそうできない子どもたちがいるという視点が大切です。そして、そのような子どもたちや保護者にとって、自分の体験を共有できる人が減っているという現状も知っていてほしいと思います。ただ「病気だから……」ということで、子どもたちが学びの場から遠ざかるということがあってはいけないと思います。多くの選択肢を用意して、子どもたちの学びを保障したいと思うのです。

（2）効果的な指導方法の工夫について

「うちの県には、院内学級のある病院は一つだけなんです」というお話を、その学級の担任から聞いたことがあります。子どもたちの教育を保障するにあたって、それぞれの地域に合ったやり方があります。通知にあげられた「訪問教育を活用する」「ＩＣＴを利用して授業を行う」こともその一つでしょう。先述の県では、県内の重篤な病気を抱える子どもたちのほとんどは、その大学病院に入院をして治療を受けるとのことでした。地元から遠く離れてしまいます。

東京などの大都市の病院で、他府県からの入院児童生徒を多く受け入れているところも同じです。この場合、前籍校との交流や、実物を使っての体験の難しさを補える「ＩＣＴを利用しての授業」はとても有効です。在宅の子どもたちの教育にも大いに活用ができます。

東京都のように、たくさんの病院があり全国から長期に子どもたちを受け入れている場合や、入院の短期化により在宅の子どもたちが増えていることを考えたとき、「訪問教育」も有効です。病院や自宅にいても、教師との実際のかかわりのなかで教育が行われることは、子どもの発達上とても大切なことです。

効果的な指導方法は、そのメリットとデメリットを把握し、常に創意工夫を行っていくこと。どのような指導方法も選択肢の一つであることを認識し、子どもを指導方法に当てはめるのではなく、「はじめに子どもありき」ということが大切であると考えています。

(3) 十分な連携体制の確保について

子どもたちの生活は、連続しています。治療はその連続性を切り取って行われるものです。しかし、医療とのかかわりのなかで、子どもたちの生活の連続性を保障する人間がいることの大切さを感じています。

実際、病気の子どものすべてが病院の中にいるわけではありません。病気を抱えながら、生活をし、普通に学校に通っている子どもたちが大多数です。今回の通知は「病気療養児」ということが明記されていますが、今後、病気を抱えたすべての子どもたちの教育の保障を考えていかないといけない時期が来ると考えています。そのために、教育の継続を考えた連携体制の確保が不可欠なのです。

(4) 教育委員会等の助言や援助について

学級の運営、継続については、教育委員会の協力も不可欠です。先述の手続きの簡素化などと同様に、教員の配属、予算などについても教育委員会のもとで行われます。院内学級で教育を受けている子どもの在籍がどこにあるかで、議会での追及を受けることがあるという話も聞こえてきます。教育環境の整備、効果的な指導法、十分な連携体制に対する助言・援助をお願いしたいと思っています。そのためにも、病気を抱えた子どもたちについて、より深く広く考えていただけたらうれしいです。

病気療養児に対する教育についての理解啓発について

「それはどんなシステムになっているのですか?」

院内学級という場所や病弱教育については知っているが、実際にかかわることは初めてという学校関係者も多いようです。私が勤務する学級に見学に来てくれた方たちからは、「考えていたものとは違いました」という感想をいただきます。また、児童・生徒さんが入院をしてかかわらせてもらった学校の教師たちも「院内学級って、聞いたことはあるのですが、こんなことをされているのですね。……ありがとうございました」という声を多くいただきます。それほど、院内学級の実際はまだまだ世の中に知られていないのだということを感じます。

今でも、「病気やけがが治ってから」「調子がよくなってから」「元気になったら」、「また勉強をすればいいよ」「学校に来られようになったら、取り戻そうね」という言葉が子どもたちにかけられます。

このことは、決して見過ごすことのできないことです。なぜなら、周りの大人が、院内学級の存在を知らず、どのような制度になっているかを知らなければ、そこに子どもをつなげることができなくならからです。

それは、子どもたちの教育・発達の機会を奪うことにほかならないからです。「知ってもらうこと」「かかわってもらうこと」の活動を、これからも続けていきたいと思っています。

【参考資料】文部科学省『病気療養児に対する教育の充実について（通知）』平成25年３月４日／文部省『病気療養児の教育について（通知）』平成６年12月21日／副島賢和『「病気療養児に対する教育の充実について（通知）」から考えた大切なこと』（「障害者問題研究」第41巻３号全国障害者問題研究会、 2013年）

院内学級の先生になりたいのですが…

――病気の子どもにかかわる教師

「病院の中にも学校があるんでしょう?」

「○○くん、赤鼻のセンセイがいるところに行くんでしょう? 病院の中にも学校があるんでしょう?」と、クラスでお友達が入院をするときに、ある子が担任の先生に言ったそうです。

「説明がしやすくなりました」と、ある小学校の先生からも言われました。

病気を抱えた子どもたちの、教育保障のことを知ってくれている方たちが増えてきました。

しかし、病気やけがのために入院をした子どもたちが、すべて病院の中で教育を受けているわけではありません。

そこには、いろいろな理由があります。

すべての病院に、教育を保障する教室のような場所があるわけではありません。

すべての場所に、保障をしてくれる教員がいるわけでもありません。

本来、転校（在籍を移す）という手続きをとれば、子どもたちは義務教育において、教育を受けることができる制度があります。

そのため、病院の中に教室がなかったとしても、さまざまな方法で教育を受けることができるようになっているのです。

しかし、実際は医療サイドも、そこに必要性を感じていない場合があります。

また、教育サイドの人間も、入院をしている子どもたちの教育保障の制度を知らなかったり、利用しなかったりということも見られます。

子どもが入院をしたり、重篤な状態になったりしたときの、対応マニュアルのようなものがある学校は、ほとんどないようです。

そして、保護者も説明を受けていなかったり、手続きの労力を考えたときについつい後回しにしてしまったりする姿も見られます。

入院中や闘病中の、高校生や大学生の教育の保障もまだまだです。

短期の入院は、そこに拍車をかけます。

「それくらいの短い期間なら、勉強しなくてもすぐに追いつけるでしょう」と、言われることがあります。

その短い期間でも、子どもたちが失うものはたくさんあります。

特に、セルフエステーム（自尊心）がネガティブ（否定的）になってしまうという、海外の研究もあります。

しかし、教育によりこのことは保障できるという実感があります。たとえ短い期間でも教育保障をする場と人がいることは、子どもたちにとって必要なことでしょう。

「どうしたら、院内学級の先生になれますか？」

最近、問い合わせが増えてきました。新聞やテレビなどマスコミでの報道のおかげもあるのでしょう。

病気を抱えた子どもたちの教育保障について、取り上げたニュースや記事も、本当に増えてきました。ありがたいことです。

当事者やそのご家族が、声をあげてくれているのも大きな要因です。

ある教員養成系大学の特別支援教育専攻の先生から、「『院内学級の先生をやりたい』という志望動機を持っている学生が、この5年間ぐらいで増えてきました」というお話をいただきました。

「院内学級」といっても、これは正式な名称ではありません。私は、「病院の中にある学校（学級）」と、呼んでいます。

「病院の中にある学校（学級）」のことが、少しずつでも世の中に知られてきたのだなと感じて、うれしく思います。

病気を抱えた子どもたちの教育保障は、さまざまな形で行われています。

●特別支援学校

●特別支援学級

●訪問学級

●特別支援学校が病院内に持つ分校や分教室

●地域の小・中学校が持つ病院内の学級

●健康学園

などがあります。

このような場所で教師をするためには、各自治体の教員採用試験に合格する必要があります。

そして、病弱教育を行っている学校や学級への配属となります。

国立大学附属の学校での勤務は、直接、その学校の採用試験を受ける場合もあります。

また、慢性疾患を抱えた子どもたちの7〜8割が、通常学級に通っているというデータもあります。病気を抱えた子どもたちのすべてが、入院しているわけではないのです。

病気を抱えた子どもたちとの出会いは、教師であれば必ずあるはずです。

現状では、特別な資格が必要というわけではありませんが、それぞれの教員が個々で、資質を高めています。

ただ、残念ながら、その配属に納得をしていない人や専門性を高めようとしていない人が見られるのも事実です。

「院内学級の先生になるのに大切なことはなんですか？」

「どんな勉強をする必要がありますか？」と聞かれます。

学生のうちに、病弱教育について専門的な知識を深く学べる大学は、他の領域と比べて充実しているとはいえないのが現状です。

「病気を抱えた子ども」といっても本当に幅広く、教師自身が、実際に子どもたちに出会い、その一人ひとりに応じるための新たな学びが日々、必要です。

目の前にいる子どもたちの、疾病や障害やエネルギーの状態が、その日、その日によってもさまざまです。また、子どもたちの置かれている状況や環境もさまざまです。

多くの複雑な要因が絡み合うなかで、子どもたちによりよい学習や生活を提供するために、必要なことは何であるか。悩みながらの日々です。

子どもたちに、確かな学力を身につけてあげることができる教育技術、これはいうまでもありません。小学校であれば、６年間の学習すべてを教えられなくてはなりません。

子どもたちと関係づくりができるスキルも必要ですね。子どもたちだけではありません。保護者やきょうだいはもちろんですし、医療や福祉、教育と、多職種の連携を行うことができる資質も必要でしょう。

書けば書くほど、これらは、病弱教育を担う教師というより、子どもたちとかかわる全職種にいえることになってしまうようです。

「病弱教育を担う教師の専門性」については、研究会や学会等でも話題にあがってくることです。考え続けていきたいと思います。


【参考資料】「病気の子どもの理解のために」国立特別支援教育総合研究所・全国特別支援学校病弱教育校長会、検索「支援冊子」（2014 年発行）

第7章

子どもたちの回復のために

安心・安全の確保

——傷つきからの回復に必要なこと①

病気にいじめられる子どもたち

慢性疾患と呼ばれる疾病とつき合いながら生きている子どもたちがいます。

難病と呼ばれる疾病を抱えながら生きている子どもたちがいます。

そのような子どもたちが感じている大きな二つの感情があります。

それは、「恐怖感」と「無力感」です。

この二つの感情は、心に傷を負った人が特に持ちやすいものです。いわゆるPTSD（心的外傷後ストレス障害）を抱えた人の心の中を支配してしまう感情だといわれているものです。

いじめを受けたり、虐待を受けたり、災害の被害にあったり、いのちにかかわる目にあったり、それを目撃したり……。

自分の存在が一気に壊されるような大きいことばかりではありません。周りから見ていてそれほどショッキングな出来事ではなくとも、日々、じわじわ傷が深くなっていくような傷つき方もあります。

病気を抱える子どもたちも、心に大きな傷を負っているのだと感じます。自分が抱えている病気が、自分自身をいじめます。病気を抱えた自分のことを、ありのままでよいと思うことはとても難しいことです。

このような傷つきを抱えた子どもたちの回復には、三つの大切なことがあるといわれています。

その一つが、「安心・安全の確保」です。

「みんな覚えてくれているかなあ」

退院が決まった小学校低学年の女の子が伝えてくれました。２週間ほどで退院できたお子さんです。

「２週間ぐらいであなたのことを忘れるわけないよ」

そう思うかもしれません。しかし、当事者の思いはもっと複雑です。

子どもたちにとって、自分のクラスは決してここ（院内学級）ではありません。在籍を移す手続きを取った子どもたちにとっても、そうです。（もちろん、私たち院内学級の担任もそのような意識を持ってかかわるのですが）その子のクラスは入院前にいたクラス、戻るべきクラスです。

一日、二日休んだだけでも、学校に行くとき、もちろんうれしい気持ちもありますが、「休んでいる間にどんなことがあっただろう」「みんなどうやって迎えてくれるかな」「どんな顔をしておはようって言えばいいのかな」と考えてしまいます。反対の立場だったら、「よく来たね」「治ってよかったね」と思うでしょう。

それでも、欠席をした本人にとっては不安が出てきて当然でしょう。それを、1週間とか1か月とか、長い場合は数か月も休んだあと、久しぶりに学校に行くときには、不安な気持ちにならないわけがないですよね。なって当たり前です。

「友達から忘れられてしまうかも」

子どもたちにとって、この感覚は「恐怖」以外の何物でもありません。子どもたちが感じる「恐怖感」には大きく分けて、「他者から忘れ去られるのではないか」という他者とのかかわりのなかで感じるものと、「自分の身体や将来は、どうなってしまうのだろう」という自分自身に対して感じるものとの二つがあるようです。

長い入院の間に自分がクラスの一員であるという感覚を持てなくなっていってしまうのです。痛みや熱があり、治療最優先のときには、周りのことを考える余裕はありません。しかし、ある程度症状が落ち着くと、そんな気持ちが大きくふくれ上がります。

そのときに大切だと感じるのは、その子自身のなかに学校や友達とつながっているという感覚をどれだけ持てているかということです。担任の先生はもちろんなのですが、クラスの仲間とつながっているという感覚を持てていることが、とても大切だなと感じます。

「もう少し入院していたいなあ」と言っていた中学生の女の子がいました。退院が延びたとき、あまりがっかりとしたようすもなく、そう言いました。

「学校に戻るの心配かな？」とたずねたところ、「うん……なんとなくね」という言葉から、部活動の友達関係に引っかかりがあることを教えてくれました。

数日後、再度検査をし、退院が決まったときは、前回とようすが違いました。「退院をして、学校に戻る！」という気持ちがはっきりと感じられたのです。

「あれ？　何があったのかな」と思い、話をしてみたところ、昨日の夕方に学校のお友達が数人お見舞いに来てくれたということを伝えてくれました。

学校の先生の配慮があったのでしょうか。それとも友達が自主的に動いてくれたのでしょうか。

彼女が、「友達が自分の復帰を待っていてくれている」「私はクラスの友達とつながっている」「クラスの中に自分の居場所がある」……そんな思いを持てたようなのです。そして、そのことが、彼女の意識を前向きにしてくれたのでしょう。

私たちは、子どもたちが学校や友達とつながっているという意識を持てるように考えてかかわります。その子自身がつながりを意識できるように配慮をすることはもちろんですが、クラスの子どもたちに対しても担任の先生に配慮をしてもらっています。

「早く学校に行きたい！」

私たち大人から見ると、学校や友達とのかかわりは、治療に専念しなければならない病気を抱えた子どもたちにとって、二次的なことに映るかもしれません。しかし、子どもたちは、自分を受け入れてくれるところがなければ、戻るところがなければ、治療に対して積極的にはなれません。回復へ向かおうとしてくれません。

「一日も早く学校に戻る」という気持ちが、支えとなります。「そこが自分の居場所なんだ」「みんなも待っていてくれるんだ」と思えることが大きな安心につながり、治療に向かうエネルギーとなるのです。

このことは、「治療」を「学習」「復帰」に入れ替えると、学校不適応状態にある子どもたちと同じなのかもしれません。

心に大きな傷つきを抱えた子どもたちが回復をしていくために、自分をありのまま受け入れてくれるところがあるという安心感を持つことがとても大切だということを、子どもたちが教えてくれます。

選ぶこと・挑戦すること

—傷つきからの回復に必要なこと②

恐怖感と無力感への対応

病気を抱えた子どもたちは、「恐怖感」と「無力感」を持ちやすく、その回復のためにはまず、「安心・安全の確保」が必要です。

「安心と安全」を感じた子は、自分の足で歩こうとしてくれます。しかし、大きな傷つきを抱えた子どもたちには、再び「恐怖感」や「無力感」が襲ってきます。大きなダメージを受けた子どもたちは、「無気力」になっていたり、「どうせダメだから……」というような否定的な自己イメージを持っていたりすることが多々あります。

「安心と安全」の次に必要なことがあります。再び自分の足で立ち上がり、歩いてもらうために子どもたちに用意していくことが「選択と挑戦」だと考えています。

このことは、病弱教育を受けている子どもたちに限ったものでなく、さまざまな喪失を味わったり、いじめなどの経験があったりと、傷つきを抱えている子どもたちにとっても有用であると考えます。

受け身を求められる子どもたち

入院をしている子どもたちのいちばんの目的は、病気やけがを治すことです。そのために、手術や投薬などの処置を受けます。家族やふだんの生活から離れて過ごすことを余儀なくされます。「注射はいやだ」「薬なんか飲みたくない」「検査が怖い」「こんなの食べたくない」「眠りたくない」「お家に帰りたい」……子どもたちは決められた治療に抵抗をすることがあります。「やりたくない気持ちをわかってほしい」というメッセージをぶつけてくるのですが、そこで返される言葉は、「それでは治りませんよ」「退院できませんよ」「わがまま言わないの」「いい加減にしなさい」……そして、「よい子」であること、「よい患者」であることを求められます。

大人や治療者の言うことはすべて素直に従うこと。それが、退院をするためにいちばんの近道であるというメッセージが送られます。早く治りたければ、早く退院をしたければ、受け身の存在であることがよしとされます。

そのため、子どもたちには選択する機会がなくなっていきます。自分の気持ちや考えよりも、治療のスケジュールが優先されます。

「説明もし、納得もしたでしょう」と言われることがありますが、果たしてそうでしょうか？「はい」以外の選択肢を選んでよいと子どもたちは思えていたのでしょうか。病状が重篤であるほど、このことは強められます。大人からすれば、当然のことのように思えるかもしれませんが。（最近の小児科はさまざまな選択肢が用意されるようになってきています）

選択の機会を用意する

選択の機会を奪われた子どもたちが持つ感情は「無力感」であり「無気力な状態」として現れてきます。

小学校低学年の女の子がいました。

教室で学習をするときも、遊びをするときも、何をやりたいかを伝えることができないのです。「何をやりたいかな」と聞くと、とても困ったような表情で固まってしまうのです。「どれがいいかなあ」と悩んでいる感じではないのです。緊張のためか、作業や学習が苦手なためか、といろいろ考えながらアプローチをしていきました。病棟でのようすを聞くと、とてもおとなしく、言いつけをよく守る子だというのです。

「一日でも早く治るために」と自分で選択をして取り組んでいる姿勢であるならよいのですが、彼女からはエネルギーが感じられませんでした。身体の状態がまだそこまで回復をしていないのかなと思い、見ていましたが、ある程度の回復をしてきても、そのようすが続いていました。

小さいときから病状のために、自分のやりたいことや考えて訴えてきたことが成就しない経験を積み重ねてきたのだろうと考えました。自分の意志や希望が通らず、受け身ばかりを求められたら、自分で考えたり思ったり伝えたりということに蓋をしていくしかないですよね。

そこで、たくさんの選択を用意しました。選択といっても、例えば、絵を描くときの筆記用具を「クレヨンと色鉛筆はどちらがいい?」「画用紙の大きさはこっちとこっち、どちらがいいかな?」という程度のことです。多くの中から「どれでもよいのだけど……」という選択は最初からは提示しませんでした。遊ぶときも「折り紙とアイロンビーズでは?」と二者択一から広げていきました。

それを続けていたある日、「決めていいの?」と彼女がたずねてきました。「いいよ～」と伝えました。次の日、朝の会で「今日やりたいことがある」と伝えてくれました。

それが表現できるようになったら次は、挑戦と成功体験を積んでもらうことを考えてかかわります。「自分はだめだ」という自己イメージを持っているお子さんは、自分で選んだメニューでもちょっとした課題にぶつかったとき、すぐにあきらめることが多いのではないでしょうか。子どもたちがあきらめのメッセージを送ってきたとき、つい言いたくなるのが、「あなたが決めたことでしょう！（なんでやり通さないの）」。

しかし、この言葉は使ってはいけないと思っています。この言葉を伝えた瞬間、子ども自身が決めたことではなく、やらされたことになってしまうからです。そのために、その子の横で同じ取り組みを少しずつやったりすることもあります。子どもが質問をしたり、見本を見たりすることができるようにします。失敗を見せることもあります。「何を困ってる？」「ここには、ないもの以外はすべてあるからね」と「こんな道具や材料を使ってみるとあなたのやりたいことに近づくかな」と提示をします。試行錯誤をしてもらいます。包帯や点滴などがあるためにうまくいかないこと以外は、こちらがやってしまわないように努力をしています。ついやってあげたくなるので。

そうやって仕上げたときの子どもたちの顔はちょっぴり得意げです。自分でやったと思えるからかもしれません。それは、遊びでも作品づくりでも学習でも同じです。

自分で選び、挑戦し、うまくいった体験ができると、ほかのことに対しても取り組み方が変わるという姿を見せてくれます。心に大きな傷つきを抱えたとき、回復をしていくために「選択・挑戦・成功体験」が必要だということを、子どもたちが教えてくれます。

日常・将来への拡充
―傷つきからの回復に必要なこと③

否定的な自己イメージを肯定的なイメージに

傷つきからの回復には、「安心・安全の確保」「選択と挑戦」が必要です。

否定的な自己イメージによりそい、肯定的な自己イメージへの変換を働きかけること。

「自分はだめだ」「自分は役に立たない」「自分は愛される存在ではない」……という思いに、「そう思うと辛いよね」ということを伝えます。

「そんなことないよ」と言いたくなりますが、まずは、その子の思いを否定せずにしっかりよりそいます。そして、「自分はできる」「自分は誰かの役に立てる」「自分は愛されている」ということを感じられるプログラムを用意します。他者からの評価よりも、自分自身がそう思える体験を通して、自分に対するイメージを変化してもらうようにします。
その次に行うことが、「日常・将来への拡充」です。

○過去の記憶を実感をもって思い出しつつ、
○現在を意識しながら、
○自身の願いに気づきながら、
○将来のイメージを地に足をついた形で明確に表現する。（小林正幸／2012）

ということを行います。すなわち、「過去・現在・未来」の自分に連続性をもってもらうということを行っていきます。

傷つきが大きい子どもたちは、過去を語ることをためらいます。現在を大切にできません。そして、未来に対するイメージを持てません。

そこで、今の自分を大切にし、過去の自分をまあいいかなと思え、未来を考えられることを目指してかかわっていきます。

「せっかく入院をしているのだから」
～今を充実する～

【参考資料】小林正幸・早川恵子・大熊雅士・副島賢和 共著『家庭でできる子どもの心のケア』（2012年、東日本復興支援機構製作の小冊子）

体調がある程度落ち着いてきたとき、看護師さんから「病院内に学校がある」と紹介がありま
す。「え～、学校？」という子どもたちに、「見学でもいいから行ってごらん」と声をかけていた
だいて、子どもたちが教室に来てくれます。

「病気になったぼくに何ができるのかな」「点滴が手に入っていて勉強ができるかしら」「また
痛くなったらどうしよう」「手術したばかりでうまくしゃべれないけど」「具合が悪いのになんで
勉強しなきゃいけないの？」……いろんな心配をしながらの通級です。

初めて教室に来てくれた子どもたちは、緊張で固くなっています。そんな彼ら彼女らに対して、
必ず伝えることがあります。

「ここは学校です。学習をします。遊びもします。でも、身体をいちばん大切にする学校です。
だから、辛くなったり、痛みが出たり、疲れてきたらすぐに伝えてください。また、お部屋に戻
りたくなったら伝えてくださいね。看護師さんに連絡をします」

すると、ちょっとホッとした表情になります。そこでトイレや水分補給のことも続けて話をし
ます。「今の自分の身体の状態をここの先生たちはわかってくれている」ということが感じられ
ると、とても安心をするようです。

自分でうまく伝えられない子もいますし、病気を抱えているがゆえに頑張りすぎてしまう子も

います。子どもたち一人ひとりの状態を見極めながら、声をかけたり、教材や遊具を用意したりします。

その子が興味を持ち、やり遂げられそうな課題を用意して「やってみる?」とたずねます。「手伝ってほしいときはいつでも言ってね。そのために先生たちはいるのだから」と伝えます。

「今の自分の状態でもできることがある」「学校でみんながやっていることもできるんだ」「挑戦することもできるし、楽しむことだってできる」……と思えるような取り組みをします。

そして、子どもたちがそう思えるようになってきた頃に、伝えることがあります。

「せっかく入院をしたんだから、今しかできないことをしようよ」

「ここだからできることをしようよ」

すると、子どもたちのエネルギーがもっと変わります。学習に対しても、遊びに対しても、治療に対しても、前向きになる姿が見られます。

そうするなかで、今の自分をしっかりと感じてもらいたいと思うのです。

「このことがあったから今の自分があるのかな」
～過去の自分を好きになる～

小さいときから病気を抱えていたり、いのちにかかわるようなけがをしたりしたときは、なかなか今までのことやそのときのことを、思い出したくない場合もあります。小さかったときの自分を否定している場合もあります。

何度も辛い病気を繰り返していると、いじめを受けたような状態になります。自分自身の身体が自分にブレーキをかけます。いのちを脅かすこともあります。そんな自分のことを好きになるのは、なかなか難しくなります。

会話のなかで、過去の話を聞いたりします。初めは事実の羅列ですが、しだいにそのときの心持ち、感情にふれさせてくれるようになります。

慢性疾患による臓器移植を経験した子と話しているとき、「このことがあったから今の自分があると思っているよ」と彼が言ってくれたことがあります。

私が、「いつ頃そう思うことができたの?」とたずねると、「そうだなあ。けっこう早かったかな」と小さかった頃のことを話してくれました。ご両親をはじめ、周りの人たちが自分を愛し、大切にしてくれていたんだと気づけたことが大きかったそうです。

そうして、過去の自分もいいかなと受け入れられると、次は未来が見えてきます。

明日（未来）は来る
～将来をイメージする～

エネルギーがたまってくると、子どもたちの会話のなかに、「未来」が顔を見せてくれるようになります。いえ、もしかしたら、子どもたちは、どんなときでも未来を考えているのかもしれません。

教室で、ある男の子がお家の模型を作りながら、「建築家のお父さんの後を継ぐ。そのためには……」と自分の将来のプランを話してくれました。

ある女の子は、状態が少しずつ下がっていっているときも「算数だけはやりたい」と、私がベッドサイドに行くのを楽しみにしてくれていました。

子どもたちと、明日や将来の話をすることができた頃、退院の予定が決まることはよくあることです。

「自分は自分のままでいてもよい」と思える手伝いを続けていきたいと思うのです。

退院に向けての取り組み
—学校復帰のためにできること①

院内学級の役割

私の勤める病院の小児科入院病棟は「小児総合医療センター」となり、急性期の子どもたちが増えるとともに、疾病の重篤化、入院の短期化の二極化が進んでいます。また、慢性疾患と心身症傾向が増えているように感じます。そのような状況のなかでの本学級の役割は、従前からあげられている「病気療養児の教育の意義」の５点に併せて、「児童生徒の地元校へのスムースな復帰」も大切になってきます。そのためには、地元校復帰のコーディネーターの役割を、院内学級の担任が持たなくてはならないでしょう。

ある児童（Ａさん）の学校復帰にあたっての、地元校や病院との連携について紹介します。

スムースな学校復帰への取り組み

○第1回病棟カンファレンス

〈参加者〉ドクター3名　保育士2名　看護師1名　院内学級担任1名

〈内容〉①Aさんの病状、病棟や院内学級でのようす　②Aさんを取り巻く環境　③Aさんのストレス　④母親のストレス　⑤今後の対応

退院を目指して、病棟の中でのAさんとAさんの母親とのかかわりについて理解をするためのカンファレンスを行いました。入院生活が長くなり、AさんやAさんの家族にも負担が大きくなってきていることから、役割を分担してケアをしていくことを確認しました。

○第2回病棟カンファレンス

〈参加者〉ドクター5名　保育士1名　看護師1名　心理士1名　院内学級担任2名

〈内容〉①母親のかかわり　②退院後の心配　③地元校での生活　④休日の過ごし方　⑤心理士から見たAさん　⑥外泊中のようす　⑦今後の対応

一時外泊後のAさんの家族のようすから、退院後の見通しを持つためのカンファレンスを行いました。心理士にも同席してもらい、Aさんと保護者の心理面のケアについて確認。Aさん

と母親が抱えている退院後の心配について確認ができました。院内学級担任として、地元校でのようすを再確認することになりました。

○第3回病棟カンファレンス

〈参加者〉ドクター5名　保育士2名　看護師1名　心理士1名　院内学級担任2名

〈内容〉①地元校担任教師との話から　②1年生の担任の話から　③外泊中のようす　④パンフレットの作成について　⑤薬の管理　⑥Ａさんの母親とのかかわりについて　⑦今後の対応

Ａさんと保護者の、退院後の心配事について、予防と対応をするためのカンファレンスを行いました。看護師作成の「退院後の生活パンフレット」についての意見交換。聞き取りを行った地元校でのようすを報告。Ａさんの受け入れにあたっての学校側の心配についても検討をすることができました。

○第４回病棟カンファレンス

〈参加者〉ドクター4名　保育士2名　看護師1名　心理士1名　本人　保護者（母親）　院内学級担任2名

〈内容〉①本人への病気の説明　②心配なこと　③母親への心配なこと　④退院の話

退院のために、Aさんと保護者も同席してのカンファレンスを行いました。保育士によるAさんの疾病について、人形（病院小児科病棟保育士作成）を使っての本人への説明（プリパレーション）が行われました。家庭や学校での過ごし方で気をつけること、無理をしないことや、薬をかかさずに飲むことなど。院内学級担任として、地元校に引き継ぎや説明を行うことの許可を、保護者と主治医から得ました。

また、今後、Aさんについて地元校担任と院内学級担任が情報交換を行っていくことの了承を、保護者より得ました（集団守秘義務の確認）。

○学校への引き継ぎ訪問

〈参加者〉地元校担任　養護教諭　院内学級担任2名

〈内容〉①本人の病気の説明　②学校での1日の生活での配慮事項　③学校からの質問　④今後の対応

放課後の時間を使い、地元校を訪問。学級担任と養護教諭に保健室で面談。第4回の病棟カンファレンスで使用されたプリパレーションを使い、Aさんの病状と今後の見通しを伝えました。「学校生活での配慮事項表」を使い、学校生活の中で気をつけなければいけない活動を伝え、今後も連絡を密にしていくことを確認しました。

また、必要な場合は、院内学級担任が地元校の学級にAさんとのかかわり方について、説明に行く用意があることも伝えました。

○地元校養護教諭との情報交換

——1か月後の院内学級担任による、地元校の養護教諭への電話連絡

〈内容〉①出欠状況　②保健室の利用状況　③担任教師より　④保護者のようす　⑤今後の対応

夏期休業中にAさんの1か月のようす、出欠の状況や担任・養護教諭・学校が困っていることはないかなどについて、電話にて情報交換を行いました。Aさんや保護者とのかかわり、主治医との連絡方法について確認をしました。

医療と教育と福祉の連携を

児童生徒のスムースな学校復帰において、医療と教育と福祉の連携が大切になります。主治医・看護師・保育士（医療スタッフ）と地元校管理職・学級担任・養護教諭（教育スタッフ）の連携において、院内学級担任が間に入ることにより、医療・教育それぞれのニュアンスで使われてい

る言葉を、通じる言葉に置き換えて伝えることができました。

また、保護者と本人の許可を得たうえでの集団守秘義務のうえに成り立つチームとして活動を行うことができました。実際に病棟や学校に足を運び、顔が見える関係になったことの効果は大きいでしょう。

Aさんを中心としたチームのかかわりは現在も続いており、地元校の学級担任が本学級を訪問したり、課題が出てきたときは養護教諭からすぐに連絡が入ったりと、情報交換を密にしています。そのため、Aさんの入退院にあたって素早い対応と生活における不安の軽減を行えます。

増えつつある慢性疾患や心身傾向、その他の病気の子どもたちに対する継続的なケアの必要性と、院内学級担当教員の資質・専門性として、連携におけるコーディネートが不可欠であると感じています。


【参考資料】小林正幸監修『学級でしかできない不登校支援と未然防止』(東洋館出版社、2009年)／丹羽登監修『病気の子どもの理解のために』(全国特別支援学校病弱教育校長会、2009年)／大塚親哉監修『病気の説明と小児の診察』(南山堂、1992年)

引継ぎ学校生活配慮事項表
―学校復帰のためにできること②

「いやな夢」

学校へ行く夢を見た
久しぶりに行ったら
ぼくの席がなかった
長い間入院していたら
転校してきた人が
ぼくの席に座っていて
「お前帰れ」と言われて

とぼとぼ歩いている時目が覚めた
体がとても気持ち悪くなって
目が覚めた

さいかち学級では、朝の会で、夢の話をすることがあります。昨夜はよく眠れただろうか、何か心配なことがあるのかな――というようなことを知りたいからです。

小学校6年生の男の子が伝えてくれました。

「先生、昨日、嫌な夢を見たんです。学校に行ったら、ぼくの席がなかったんだ。知らない人が座ってて、『そこぼくの席だよ』って言ったら、『お前帰れ』って言われた。帰っている途中で目が覚めたんだ」

「身体がどんな感じしたの？」と私。

「気持ち悪かった。汗びっしょりだった……」

ふだんは、「入院なんてもういやだ！」「早く家に帰りたい！」「学校に行きたいよ！」と叫んでいる子どもです。でも、この夢を見たのは、退院が決まって、お家に帰れるよ、学校に戻れるよ、となったときなのです。

子どもたちは皆、「一日も早く退院をしたい」「学校に戻りたい」と思っています。ときには、「退院をしたくない」「ここにいたい」と言う子どももいます。しかしそれは、何かに引っかかりがあるからです。そのときは、その引っかかりを探り、溶《と》く必要があります。

二、三日休んだだけでも、学校に行くときはドキドキです。それを、数か月も休んでいたのです。不安や心配があって当たり前でしょう。特にこの子は、車いすに乗って登校をしなければなりませんでした。学校復帰にあたっての配慮事項とともに、このような詩を書いたことを、本人の許可を得て在籍校に伝えました。

「ボーッと聞いてた……」

退院に向けて、中学生の子どものＩＣ（インフォームド・コンセント）が行われました。本人、保護者、医療スタッフ（ドクター、ナース、心理士、保育士）、院内学級担任が参加しました。病状の説明や学校への受け入れにあたっての医療からのお願い、学校での配慮事項などについて話が交わされました。

参加した保護者もスタッフも、とても真剣にその子のことを考えて話し合いをしました。それでも、本人は途中からシャッターを下ろしたように、表情がなくなりました。

「何か心配なことはない？」とナースから声かけがあったときに、その子は「うん。別にない……」と言いました。

とても気になっていることがありました。その子は、体調を整えるのに水分をたくさん取らなくてはなりません。医療スタッフからは、「水筒を持って行って、授業中も水分を取るように」と言われていました。「はい」と少し頭を下げて返事をしました。表情はうつろでした。

私は、その子が自分だけ水筒を持って行って、授業中に飲めるだろうか……と考えていました。そこで、「学校の先生は、授業中、水分を取っていいって？」と聞きました。すると、「飲まないから大丈夫」との返事でした。それを聞いた医療スタッフからは、「飲まなきゃだめなのよ」と。

おそらく、在籍校の先生にそのことを伝えたら、なんらかの配慮はしてもらえるでしょう。医療側も、伝えたのだから……と思っているかもしれません。しかし、子どもたちにとって、学校はそのような場所ではないのかもしれません。みんなと違う特別な配慮はされたくないと考えている子どもたちも多いのです。

あとから、「ＩＣの話はどうだった？」とたずねたところ、「途中から、ボーッと聞いていたから……よくわからなかった」と答えてくれました。

引継ぎ学校生活配慮事項表

「学校生活管理指導表」というものがあります。子どもの状態に応じて、運動への取り組みを管理する表です。心臓疾患や腎疾患について作成されています。また、アレルギー疾患に対する管理表もあります。ぜひ活用していただきたいと思います。

ただし、これらは体育科や給食での対応が中心に記載してあります。そこで私は、小学校低学年の子どもが学校に復帰するにあたり、「引継ぎ学校生活配慮事項表」（次ページの表）を作成しました。

退院をする子どもは、小学校2年生の児童でした。そこで、その児童が学校生活の中で取り組むであろう、学習や活動の主なものをあげ、それを取り組みに応じてドクターから◎○△×を記載してもらいました。

この表を、地元校への引き継ぎ訪問にて説明しました。気をつけなければいけない運動は、体育の学習だけでなく、休み時間や集会、他教科の時間にもあります。体育科の時間でも行ってよい運動はあります。程度でも異なります。それらをできるだけ詳しく伝えることに役立ちました。

また、この評価は子どもの状態によって変化すること、心配なことがあればいつでも連絡を待っ

さいかち学級引継ぎ配慮事項表 平成　年　月　日　　小　年生　　　さいかち学級担任　副島・山田		
登下校時		歩く◎　　走る×
朝休み時間		読書◎　お絵かき◎　かけっこ×　鬼ごっこ×
		ボールあそび△（走るものを除く）
朝会集会	体育朝会	ラジオ体操△　なわとび×　ボールわたし○　　持久走×
	音楽朝会	合唱◎　　合奏◎　　ダンス△
	児童集会	走るゲーム×
学習		国語 算数◎　　生活 見学◎　　音楽 楽器◎
	図工	絵画◎ 工作◎ 木を切る◎ 粘土をたたく○ 万力◎　いとのこ◎　金槌○
	特別活動	身体を激しく動かすゲーム×
	体育	かけっこ×　リレー×　ボールあそび△　フラフープ○　竹馬△
		マット△ とび箱× みずあそび プール○　　ダンス△
		遊具あそび ジャングルジム△ うんてい△ のぼりぼう×　なわとび×
休み時間		読書◎　おえかき◎ カードゲーム◎　先生のお手伝い（手紙配りなど）◎
		ひなたぼっこ◎ 動植物のお世話○　一輪車△　なわとび×　　遊具あそび（上記参照）
		ボールあそび△　かけっこ× おにごっこ×
当番	掃除	ほうき○　　雑巾○　　つくえはこび○
	給食	配膳◎　　係　係りによる異なる
行事		遠足○
	運動会	行進○　　かけっこ×　　ダンス△ 課題 負担をかけない程度（本人と相談をしながら）
学童クラブ		読書◎　お絵かき◎　おにごっこ×　一輪車△　　ボール遊び△　　リレー×

＊ 安静を保てないと心配が出てくる。　＊ 腹痛、関節痛、疲れ がでる

＊ 熱は出ない。この疾病は検査しなければ判断できない。

＊ この内容は、平成XX年X月XX日時点のものである。病状によっては変更があります。ドクターと話し合いながら進めていきます。

＊ ご本人、保護者、ドクターとお話の上、進めていただき、個人情報へのご配慮をくれぐれもよろしくお願いいたします。

ていることを伝えました。

学校復帰に対する不安はとても大きいものがあります。長期欠席の理由が「病気」である場合も14％ほどあります。病気が学校から離れるきっかけになることも多いのです。

しかし、学校とのつながりがしっかりとある場合は、その不安が下がります。

積み重ねてきた連携が、子どもたちのスムースな学校復帰に役に立てられるよう、これらの取り組みを続けていきたいと思います。

【参考資料】公益財団法人日本学校保健会『学校生活管理指導表』(2011年)／丹羽登 監修『病気の子どもの理解のために』(全国特別支援学校病弱教育校長会、2009年)／大塚親哉 監修『病気の説明と小児の診療』(南山堂、1992年)

第8章

ケアする側のケア

――かかわる人を支える

ケアをする人のケア

子どもたちのケアをするためには、子どもにかかわる人たちのケアもとても大切です。「ケアをする人のケア」について、考えたいと思います。

かかわるみんなが傷ついています

さいかち学級は、子どもたちが病棟に戻ってひと段落する夕方すぎになると「喫茶さいかち」に変わります。もちろん、アルコールはありませんが、コーヒーや紅茶を用意してお待ちしております。

病棟保育士さん、看護師さん、お医者さん、心理士さん、学生さん、保護者の方、卒業生といっては少し変ですが、かつて入院をし、さいかち学級に通級をしていた子どもたち、前籍校の担任の先生……いろいろな方が来てくれます。私たちが教室にいないときは、ドアのホワイトボードにメッセージを書いていってくださることもあります。多くの方が、たくさんのメッセージを届けてくれるのですが、さいかち学級のドアをノックする方たちは、悩みや迷いがあったり、傷つきがあったり……どちらかといえば、よい状態にあるとはいえないことが多いように感じています。

そんな方たちからの多くの語りの中から必要だなと感じることは、「ケアをする人のケア」です。病気を抱える子どもたちに対するケアはもちろんですが、子どもを支えるためには、その保護者、きょうだいを含めた家族も支える必要があります。

子どもが病気になると、かかわるすべての人たちが傷つきます。病棟のスタッフや前籍校・在籍校の先生方も同じです。状態が重篤であるほど影響を受ける人たちは広がります。そんな大人を見て、子ども自身が余計に傷ついてしまいます。「自分のせいで……」と。

子どもたちのケアのために

学校もそうだと思いますが、人とかかわる仕事ですから、相手があります。特に、子どもとかかわる場合、常に私たち大人は、すべてが子どもたちにとってのモデルとなっていることを意識する必要があるでしょう。

○病気を抱える子どもたちにどのようにかかわればよいのか。
○不快な感情をぶつけてくる子どもたちにどうかかわればよいのか。
○感情を押し殺している子どもたちにどうかかわればよいのか。

子どもたちは大人のかかわり方をとてもよく見ています。背中で伝えるというと格好つけすぎかもしれませんが、大人は自分の立ち居振る舞いから子どもたちが多くを学んでいることを意識する必要があるでしょう。

大人だって、いつも１００％完璧でいることなんてできませんよね。失敗したとき、うまくいかなかったとき、傷ついたとき、感情の伝え方を間違えたとき……。そんなときにこそ、大人がどうするかを、子どもたちは見ているのだなあ、学びたいのだなあと感じます。

うまくいったときのことを伝えてくれる人は多いのですが、うまくいかなかったとき、不快な感情が身体の中にいっぱいわき上がってきたときにこそ、どのようにすればよいかをしっかりと伝えてくれる人は、多くないのだと思います。

大人だってそんなことを伝えるにはエネルギーがいります。不快な感情としっかりと向き合うのは大変です。だからこそ、ケアをする人たちのケアが大切であると思うのです。

バーンアウトをしないために

18ページで紹介した、ドクター・パッチ・アダムス氏をご存じでしょうか？　１９９０年代に公開された彼をモデルにした映画（『パッチ・アダムス　トゥルー・ストーリー』）をご覧になった方もいらっしゃるでしょう。私に赤鼻をつけるきっかけをくれた方なのですが、彼が来日したときに、一緒に病院や施設を回りました。もちろん、赤鼻をつけて、クラウン（道化師）として。一緒に活動をしていくなかで、パッチ氏が伝えてくれたことがありました。

「ケアをする人がバーンアウトをしないために大切なこと」というパッチ氏のメッセージをご紹介したいと思います。

● I love People.

「人を愛してください」と言われました。「ケアとは人を愛することです」と言われました。目の前の人はあなたの友人です。あなたは友人であるその方にどのようにかかわりますか？

● I am a Hero.

「あなたはヒーローです。世界を変えることができます」と言われました。ヒーローというと、無理……と思うかもしれませんが、「身近な人の幸せのために自分ができることをする」、それで十分にヒーローだと言われました。ケアをすること自体が世界を変えることなのだそうです。

●Smile

「笑顔を大切にしてください」と言われました。楽しむこと、笑うことでおたがいにリラックスをすることができます。

●Karma

日本語訳では「業」という言葉になってしまうようですが、「運命」「さだめ」という意味だと伝わりました。「人は、ケアをする存在なのです」と言われました。

●Creative

「創造性が大切である」と言われました。「創造力をもってすれば、すべてのことに解決策を見いだすことができる」そうです。

●I can do it.

「情熱（passion）を持って取り組んでください。エネルギーを持って、自分を信じて取り組んでください。必ずできます」と言われました。

●Science

「愛するということ、ケアをするということが大切だということ、効果があるということを書いた論文はたくさんある。医学的にも証明されている。その反対に、戦争やいじめが人のためによいなどという論文はないよ」と言われました。

パッチ氏から直接、聞いた内容をまとめたものなので、本人の意図そのままとはいえないかもしれません。お許しください。

パッチ氏のジャパンツアーの最終日。彼がバスに乗る前に個人的に話をする機会がありました。そのとき、もう一度ケアについて大切なことを話しました。「私は、あなた（パッチ氏）のようになりたい。でも、一人ではできません。そのためには仲間が必要です」と言うと、彼は、「私も含めて、ここにいるみんなはあなたの仲間だよ」と返してくれました。それなら、私でもどうにか頑張れそうだと思うのです。子どもにかかわる人たちが、おたがいにケアをし合って、バーンアウトをせずに。そんな仲間を広げていきたいと思うのです。

保護者を支える

―家族を支える視点①

「子どもたちだけでも精一杯なのに……」

数年前に、家族を支えることが子どもたちの発達の保障に大切であると感じ、「家族支援も教師の仕事ですよね」と教師仲間と話をしました。みんな、「そうなんだよなあ」と家族を支えることについて共有できたのですが、「子どもたちだけでも精一杯なのに、大人のことまで……」という意見もありました。

私たちの仕事の最優先順位が、目の前の子どもたちにあることは事実です。子どもたちが学校にいる間に、（ある意味）勝負をしなければならないと思っています。また、子どもとの関係が良好だから保護者との関係も良好になるのだとも思います。それでも、保護者の方とお話をすると、とても悩んでいたり困っていたり、相談をする人がいないなど孤立感を感じていたりする方が多いようです。保護者の状態が、学校での子どもたちのようすに大きな影響を与えていることも感じます。

それは、当然のことだと思うのです。子どもたちは、保護者の笑顔が大好きです。ベッドの上にいる子どもたちも、お家の人が笑っているととてもうれしそうな表情をします。（そのため、先に保護者にアプローチをしていくときもあります）。だからこそ、保護者とチームになる必要性があるのだと考えています。

「よい子」を育てる

保護者は、自分の子が「よい子」であってほしいと願っています。それは当然の願いだと思います。ただ、その「よい子」が誰にとっての「よい子」であるかで、子どもに対するかかわり方が変わってきます。

○子どもが子どもとして「よい子」

○子どもが親にとって「よい子」

○子どもが他者から見て「よい子」

このように並べてあると、「子どもが子どもとして……」が理想であることはわかりますが、実際はとても難しいことです。しかし、このことは、子育てに大きく影響します。

「他者から見て理想的な子どもを求める」ということは、「他者から見ての理想的な『子育て』を求める」ということになります。そのことはすなわち、『失敗できない子育て』を求める」ということになります。

「失敗ができない」ということは、子どもたちにも「失敗をさせない」ということになります。「失敗ができない」とき、「失敗をさせない」ときのかかわり方を想像します。保護者の方の表情、口調、態度、雰囲気……それに必死に応える子どもたちのようす。応えられているうちはよいですが……子どもも保護者もとても辛いですよね。

そんななかで、学業不振になったり、不登校になったり、病気になったり……。当事者の子どもたちはもちろんですが、「子どもがそうなるような子育てをしている保護者」と見られているのではと考えてしまう保護者の皆さん。いったい、どんな思いでいることでしょう。

「いったいどうなっちゃうんでしょう……」

さいかち学級は放課後、喫茶さいかちになるとお話しました。紅茶やコーヒーをご用意してお待ちしております（もちろんアルコールはありませんが）。ドクターやナース、心理士、保育士、保護者も来てくれます。短い時間ですが、いろんなお話をしています。

その日は、入院をしている子どものお父さんが来てくれました。このお父さんは、お仕事ばかりの、いつも背筋がしゃんと伸びているような方です。奥さんやお子さんからは、「忙しそうであまり相談ができなくて」「ちょっと怖いんだ」というお話を聞いていましたので、どんなお父さんだろうと思っていました。

お話をしている中で、お父さんは「この先、いったいどうなっちゃうんでしょう……」とぼろぼろっと大粒の涙を流されました。お子さんの状態やご家族のことなど、たくさんのことを抱えていらしたのだと思いました。

別のお父さんから言われたことがあります。「子どもが手術だから会社を休ませてほしいと伝えても、一度ぐらいならいいんだけど、何度にもなると、あまりいい顔されないんだよね」。また、こういうことを伝えてくれたお父さんもいます。「転勤があるでしょう。子どものことで断ると、じゃあ別の人で……となるんだよね。それはそうなんだけど、仕事がなくなるのは困るからね。難しいよ」と。そして「そういう話を家族には話しづらいんだよね」とも。

お父さん、お母さん、保護者の方も、たくさんの我慢をされています。お仕事が終わってから面会に駆けつけられます。子どもたちの前で、平静を装っている姿も見られます。お子さんが病気になったのは、どこかでご自分のせいだと思われている方もいます。子どもたちはもちろんですが、保護者の方も傷ついています。ご自身が責められている感覚を持たれる方もいます。その傷つきゆえに、感覚ゆえに、さまざまな姿が見られます。子どもへのかかわり方、病棟スタッフへのかかわり方、学校へのかかわり方、院内学級担任へのかかわり方……。

ときには、受け入れ難くなるような表現をされる方もいます。そのようなかかわり方は、通用しませんよと思います。でも、そうせざるを得ない状況にあるのだろうと想像することで、保護者を支え、保護者の方ともチームになるきっかけをつくりたいと思うのです。

喪失体験を共感・共有する

30年ほど前には、20歳未満のお子さんは1年間に約1万8000人がいのちを落としていたそうです。現在は約5000人だそうです。

お子さんを亡くすという体験をされた方はとても少なくなりました。医療の進歩はすごいと思います。それはとてもすてきなことだと思います。しかし一方で、お子さんを亡くされた方の孤独感は、より大きくなったのではないかとも考えます。悲しみや辛さ、体験を共有できる人が身近にいないということでもあるのではないでしょうか。

いのちにかかわるような喪失体験を共感、共有するのは、私にとってとても大きな課題です。簡単に「わかります」「そうですね」などとは言えません。それでも、そのような方たちともつながっていけたら……と。保護者とも、子どもたちともチームになれたら……と考えます。保護者を支え、そのようなつながりをつくっていくことも、病気を抱えた子どもたちと一瞬でもかかわらせていただけた私たち教師の役目ではないかと思うのです。

【参考資料】小林正幸・有村久春・青山洋子 編著『保護者との関係に困った教師のために』（ぎょうせい、2004年）

きょうだいを支える
―家族を支える視点②

待合室に一人でいる子どもはお家の人を待っているんです

さいかち学級がある病院の小児病棟では、感染などを防ぐため、15歳以下のお子さんの面会はできない規則になっています。学校の友達はもちろんですが、きょうだいでもそうなのです。だから、お家の人がお見舞いやお世話のために病棟の中に入り、入院をしている子どもたちと過ごしている間、一緒に来たきょうだいたちは、病棟前のソファーや待合室で一人で待つことになります。

夕方、病棟に行くと、病棟前のソファーに小学校低学年の女の子がいました。ランドセルを開け、学校の漢字ドリルを取り出しました。ノートを広げ漢字を書き始めたので、「宿題?」と聞くと、彼女はその質問には答えず、「お母さんを待ってるの」と答えました。

「○○ちゃん（弟）が中にいて、お母さんが行ってるから、私はここで待ってるの」と教えてくれました。

私が、病棟の中の子どもたちのようすを見終わって、病棟から出て来ると、彼女はソファーのところで折り紙をしていました。

「何を折っているのかなぁ？」と話しかけ、短い時間ですが、一緒に過ごしました。

ほぼ毎日、学校が終わるとお母さんと一緒に病院に来て、ここで待っているのだと教えてくれました。

「おばあちゃんがお家に帰ったから……」

田舎から、おばあさんが来てくれていた間は、お家で一緒にお母さんを待っていたそうです。

「さびしいね」と聞くと、「うん。でも、大丈夫。私、お姉ちゃんだから……」と、答えてくれました。

病棟の保育士さんや看護師さんがかかわってくれている姿を見ることもあります。病棟のスタッフたちとの会話でも、きょうだいをどのように支えていけばよいかということが、よく話題に上ります。

「久しぶりに会えた。元気そうでよかった」

院内学級では、子どもの状態に応じて学級行事があります。音楽会や学芸会、展覧会や学習発表会を行ったりします。

入院の短期化が進み、多くの練習や準備を必要とするような行事を組むことはとても難しくなっています。それでも、演奏を練習して病棟で発表会を行ったり、作品を退院後も預からせてもらって、展覧会を行ったりします。みんなで手作りのチケットを用意して、病棟のスタッフを招いてゲーム大会をしたり、マジックやジャグリングを練習して、クラウンフェスティバルを開いたりもします。

その日は、学習発表会でした。国語の教科書に載っている物語文の音読の発表と、リコーダーの演奏を入れた合奏を行いました。発表会の当日まで、音読とリコーダーの演奏の練習を重ねてきました。入退院により、人数の増減があることも考えて、教師もリコーダーのパート練習をします。

いつもは、お客さんは保護者と病棟のスタッフの大人のみです。でもこのときは、病棟の看護師長に許可をいただき、保護者にお願いをして、きょうだいを学級に連れて来てもらいました。

久しぶりに会ったそのきょうだいは、初めはちょっとよそよそしさがありましたが、発表をとても真剣に聞いてくれました。

学習発表会後、保護者も含めて全員でボードゲームをしました。久しぶりに会えたからでしょうか、あまり会話はなかったのですが、さすがにきょうだいです。阿吽《あうん》の呼吸で楽しそうに遊んでいました。時間になり、お別れをして病棟に戻ったとき、その子が笑顔で言いました。

「久しぶりに会えた。元気そうでよかった」

病気のために入院をしているのは自分なのに、きょうだいのことをとても心配しているのだなあと思いました。

感染のことも考え、ドクターや看護師長から許可を得ながら行うことなので、毎回というわけにはいきませんが、少しでも関係がつながっていることを感じられるような場面を持つことができたらと考え、取り組んでいます。

「ようすはいかがですか？」

小学校中学年の女の子が入退院を繰り返していました。病気の状態は、波のように変化をしていました。

その女の子には、低学年のきょうだいがいました。本人たちもご家族も仲のよい関係だったのでしょう。ベッドの枕元には、きょうだいや家族で写した写真が飾られていました。

ある日、女の子のお母さんから相談を受けました。きょうだいが学校に行き渋っているというのです。初めは、登校しても身体の不調を訴え、保健室に行く回数が増えたようすでしたが、今は、学校に行くことを嫌がり、毎日、学校までお母さんが送って行くことで、どうにか登校をしているということでした。頑張って学校に行っても、やはり、保健室で過ごしていることが多いというのです。熱があるわけでもなく、理由を聞かれても、要領を得ないということでした。

お姉ちゃんが入院し、お家の中が今までの状態とは違うことを感じているのでしょう。ご両親の不安などが伝わっているのかもしれません。本人にとっては、心配で、不安で、学校に行っている場合ではないのかもしれません。

そこで、そのきょうだいにとってのリソースが学校の中にないだろうかと考え、お母さんとお話をしたところ、スクールカウンセラーとお話ができそうだということがわかりました。管理職や担任の配慮で、スクールカウンセラーとお話をする機会を設けることができました。その後も、「ようすはいかがですか?」と、学校と何度か情報交換を行っていきました。そのきょうだいは、少しずつエネルギーを取り戻していき、登校渋りもなくなっていきました。

その間、もちろん、家庭でもかかわる時間をしっかり取っていただいたり、病院に来たときには、病棟のスタッフにもたくさん声をかけてもらったり、私たちが一緒にご飯を食べたり、放課後の院内学級で過ごしたりもしました。

どんなに小さいきょうだいでも、家族の一員として、自分にできることを精一杯、頑張っています。自分のことはあと回しにして、気持ちを伝えず、じっと我慢をしている姿も見られます。病気になった子に、お父さんやお母さんを一人占めされているように感じてしまうこともあります。特に、きょうだいが亡くなってしまった場合の心理的な影響は大きなものがあります。それらの傷つきが、のちに不適応行動につながることもあります。

だからこそ、きょうだいのケアも発達段階に応じて行っていく必要があります。その際、きょうだいが通う学校や院内学級の教員が担う役割はとても大切だと思うのです。

【参考資料】谷川弘治・駒松仁子・松浦和代・夏路瑞穂 編『病気の子どもの心理社会的支援入門―医療保育・病弱教育・医療ソーシャルワーク・心理臨床を学ぶ人に』（ナカニシヤ出版、2004年）

終章
ひとりじゃないよ！
——治療に向かうエネルギー

「ぼくのことが本当に大切なら…」

中学生の男の子とナースセンターの壁に寄りかかりながら、ある光景を見ていました。

病棟には、プレイルームという場所があります。病室から出る許可をもらった子どもたちが、食事をしたり、みんなで遊んだりできる場所です。

彼の視線の先には、小学生の男の子とその担任の先生がいました。

担任の先生がお見舞いに来てくれていたのでしょう。

一緒に、友達が書いてくれた寄せ書きを見たり、宿題のプリントを見たりしながら、「できるかな？　無理しなくていいからね」と言っている、そんな光景でした。

ふだん、その中学生の彼は、「お見舞いなんて来なくていいよ」と言っている子です。

でも、そのときの彼の表情は、とても寂しそうでした。

そこで私は、その表情を返しました。

「うん？　寂しいの？」

すると、彼が言ったのです。

「別に寂しいというわけじゃないけど、ぼくのことを大切だと思うのなら、今、ぼくがどんな状況なのか見に来いよ！」と。

「その理由が『病気』だと…」

そうなのです。

病院はやはり、敷居が高い場所なのかもしれません。

小児科は、お見舞いに来るにも、保護者の許可がなければいけませんし、面会時間に制限がある病院も多いようです。

日々の職務が忙しく、目の前の子どもたちのことで、やらなければならないこともあるでしょう。

入院期間も、とても短くなっているため、お見舞いに行ったら退院をしていたという経験をされている先生も、多くいらっしゃるかもしれません。

しかし、子どもの立ち位置から見てみると、お見舞いに来てくれる先生は、本当に少ないのです。１割あるだろうか、という感じです。

子どもが病気になると、教師との距離が少し開くなと感じています。

長期欠席のことを考えると、わかっていただけるかもしれません。

不登校状態にあり、登校を渋っている子どもがクラスにいたら、教師は電話をかけたり、家庭訪問に行ったり、たくさんコンタクトを取ります。

特に、登校を渋っている理由が、友達とのかかわり、教師との関係、学習、部活などにあるのでは……となると、子どもや保護者に会えるように頑張ります。

しかし、その理由が「病気」となると、ちょっとホッとします。そして言うのです。

「病気ですか。でしたら、ゆっくり休んで一日も早く治しましょう。待っているからね」と。

そういう心持ちを私もよくわかります。

「病気ですから……仕方がないです。早く治して、学校に来てもらいたい」

それは教師にとって、本当の気持ちです。

でも、子どもたちにとって、学校から離れてしまう不安は、とっても大きいものがあります。

理由がなんであろうと同じです。

特に、病気を抱えた子どもたちは、学校から切り離されてしまうと、治療に向かうエネルギーがとたんに落ちてしまいます。

自分が戻るべき場所がないと感じたり、そこに待ってくれている人たちがいないと感じてしまったりすると、治療に向かえなくなってしまうのです。

「あなたはクラスの大事な一人」

ご自分の学校で入院した子どもがいるとき、重篤な病にかかった子どもがいるとき、亡くなる子どもがいたとき……、「学校として、どのように対応をしていくか、書かれているものはありますか？」と、いろいろな機会にお聞きしています。
もちろん「医療につなぐ」というところまではあるのですが、その先があるところは少ないのではないでしょうか？（ありましたら、ぜひ、昭和大学病院さいかち学級・副島まで教えてください！　お願いします）
ある校長先生に「お見舞いに行くようお願いしてください」と、お伝えしたら、「勤務時間外のことだからねぇ」とのお返事でした。

ある先生からは「お見舞いに行くのに、出張旅費が出ないんです」と。

こうした現状に、悔しい思いを感じ、制度として整える必要があると思いました。

このような状態ですから、当然、病院で過ごしている子どもたちへのお見舞いや、連絡をすることは、担任の先生一人ひとりの裁量となります。

すると、病室である光景が見られます。

連絡をたくさん取ってくれる担任の先生のクラスの子どものベッドの周りには、学校がいっぱいあります。そうでない先生が担任だと、ベッドの周りに学校を感じさせるものが全くありません。最近は塾がいっぱいある子もいます。

それぞれの子どもたちの治療に向かうエネルギーは、明らかに違ってきてしまうのです。

ですので、先生たちにお願いをします。

「お願いですから『あなたは、私のクラスの大事な一人なのです』というメッセージを、伝え続けてください」と。

「必ずお見舞いに来てください」というわけではないのです。どんな形でもよいのです。お手紙でも、保護者やきょうだいを通じてでも、病院内学級のある学校を通じてでも、医療者を通じてでも……。

子どもたちがつながりを感じられるメッセージを、伝え続けてほしいと思うのです。

「ひとりじゃないよ！」

子どもたちが治療に向かうエネルギーをためるために、たくさんの取り組みや工夫をしています。

病気やけががよくなってきている実感がある、できることが増える、退院が見える、お家の人と過ごせる……などの機会に、エネルギーがたまる姿が見られます。

「患者から子どもに戻る場」があることが、大切であることもわかってきました。

子どもたちが戻っていくクラスからも、ぜひ「つながっているよ」「ひとりじゃないよ」というメッセージを、送り続けていただきたいと思うのです。

資料集

病気やけがによる入院により、転学等をした児童生徒数

（述べ人数）

		小学校	中学校	高等学校	特別支援学校（小学部）	特別支援学校（中学部）	特別支援学校（高等部）
合計	①児童生徒数（全児童生徒数に占める割合）	2,434 (0.04%)	1,609 (0.05%)	231 (0.01%)	270 (0.72%)	148 (0.50%)	57 (0.09%)
	②年度内に復籍した児童生徒数（①に占める割合）	1,818 (74.7%)	1,170 (72.7%)	30 (13.0%)	199 (73.7%)	104 (70.3%)	29 (50.9%)
	③復籍後、再度転学等した児童生徒数（②に占める割合）	182 (10.0%)	143 (12.2%)	2 (6.7%)	19 (9.6%)	12 (11.5%)	2 (6.9%)

※「転学等」とは、病気やけがによる入院により、元の学校から転学・退学・編入学により学籍が離れたことをいう。
※「復籍した」とは、退院及びその他特別な事情により、元の学校に学籍を戻したことをいう。
※全児童生徒数は、平成 25 年 5 月 1 日時点の人数（出典：『学校基本統計』文部科学省）
※中等教育学校前期課程については、中学校に、校旗課程については、高等学校にそれぞれ算入した。

病気やけがにより長期入院（年間述べ 30 課業日以上）した児童生徒数

○病気やけがにより長期入院した**児童生徒数は、約 6,300 人（延べ）**。
○在籍児童生徒が長期入院した**小・中学校は、約 2,400 校**。全小・中学校の 1 割弱に当たる。

	小学校	中学校	高等学校	特別支援学校（小学部）	特別支援学校（中学部）	特別支援学校（高等部）
児童生徒数	1,478 (0.02%)	1,291 (0.04%)	1,124 (0.05%)	1,175 (3.1%)	903 (3.1%)	378 (0.6%)
学校数	1,287 (6.1%)	1,099 (10.3%)	951 (18.9%)	211 (22.4%)	186 (19.9%)	235 (25.2%)

※括弧内は、全児童生徒又は全学校数に占める割合（出典:『学校基本統計』文部科学省）

病気やけがにより長期入院した児童生徒に対する学習指導（小・中学校の場合）

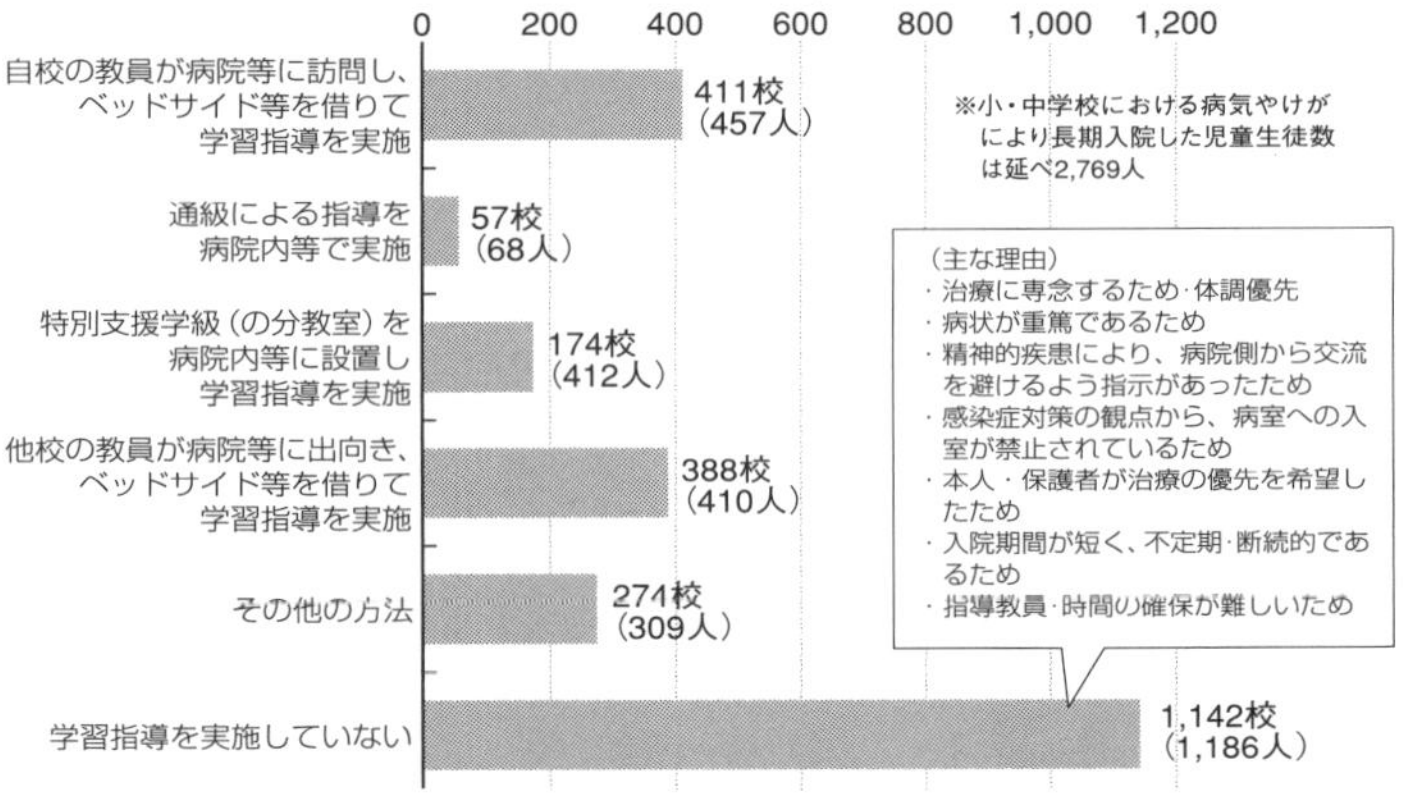

0
200
400
600
800
1,000
1,200
自校の教員が病院等に訪問し、ベッドサイド等を借りて学習指導を実施
411校（457人）
通級による指導を病院内等で実施
57校（68人）
特別支援学級（の分教室）を病院内等に設置し学習指導を実施
174校（412人）
他校の教員が病院等に出向き、ベッドサイド等を借りて学習指導を実施
388校（410人）
その他の方法
274校（309人）
学習指導を実施していない
1,142校（1,186人）
※小・中学校における病気やけがにより長期入院した児童生徒数は延べ2,769人
（主な理由）
・治療に専念するため・体調優先
・病状が重篤であるため
・精神的疾患により、病院側から交流を避けるよう指示があったため
・感染症対策の観点から、病室への入室が禁止されているため
・本人・保護者が治療の優先を希望したため
・入院期間が短く、不定期・断続的であるため
・指導教員・時間の確保が難しいため

● P244 ～ 245 の資料は、「長期入院児童生徒に対する教育支援に関する実態調査の結果（概要）」（文部科学省、調査期間：平成 25 年 4 月 1 日～平成 26 年 3 月 31 日）で公表されたものを抜粋したものです（P245 下の折れ線グラフを除く）。

一時転学等をしている児童生徒に対する学校の取組（小・中学校の場合）

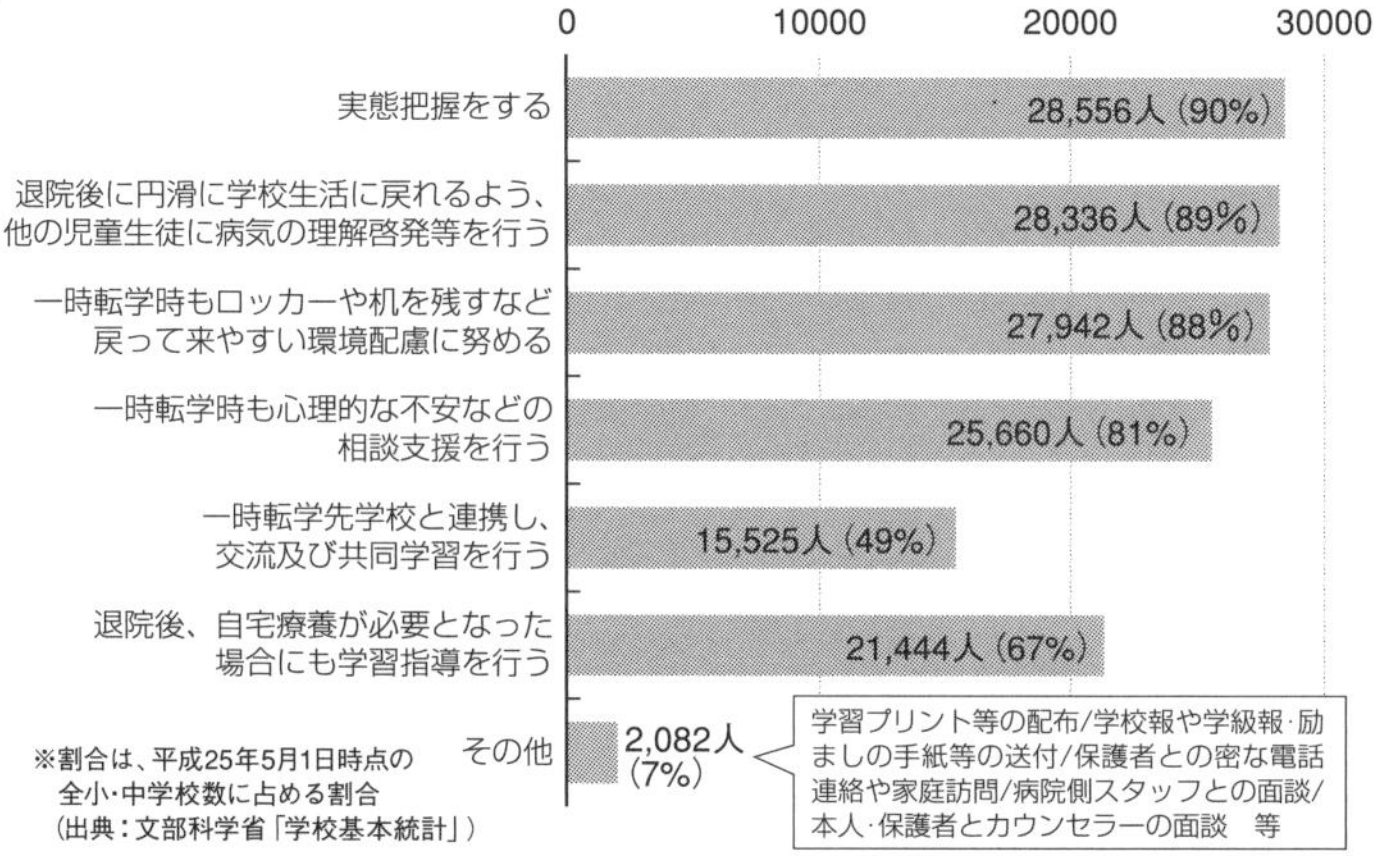

※割合は、平成25年5月1日時点の
全小・中学校数に占める割合
（出典：文部科学省「学校基本統計」）

病弱特別支援学級の児童・生徒数の推移（昭和50年〜平成26年）

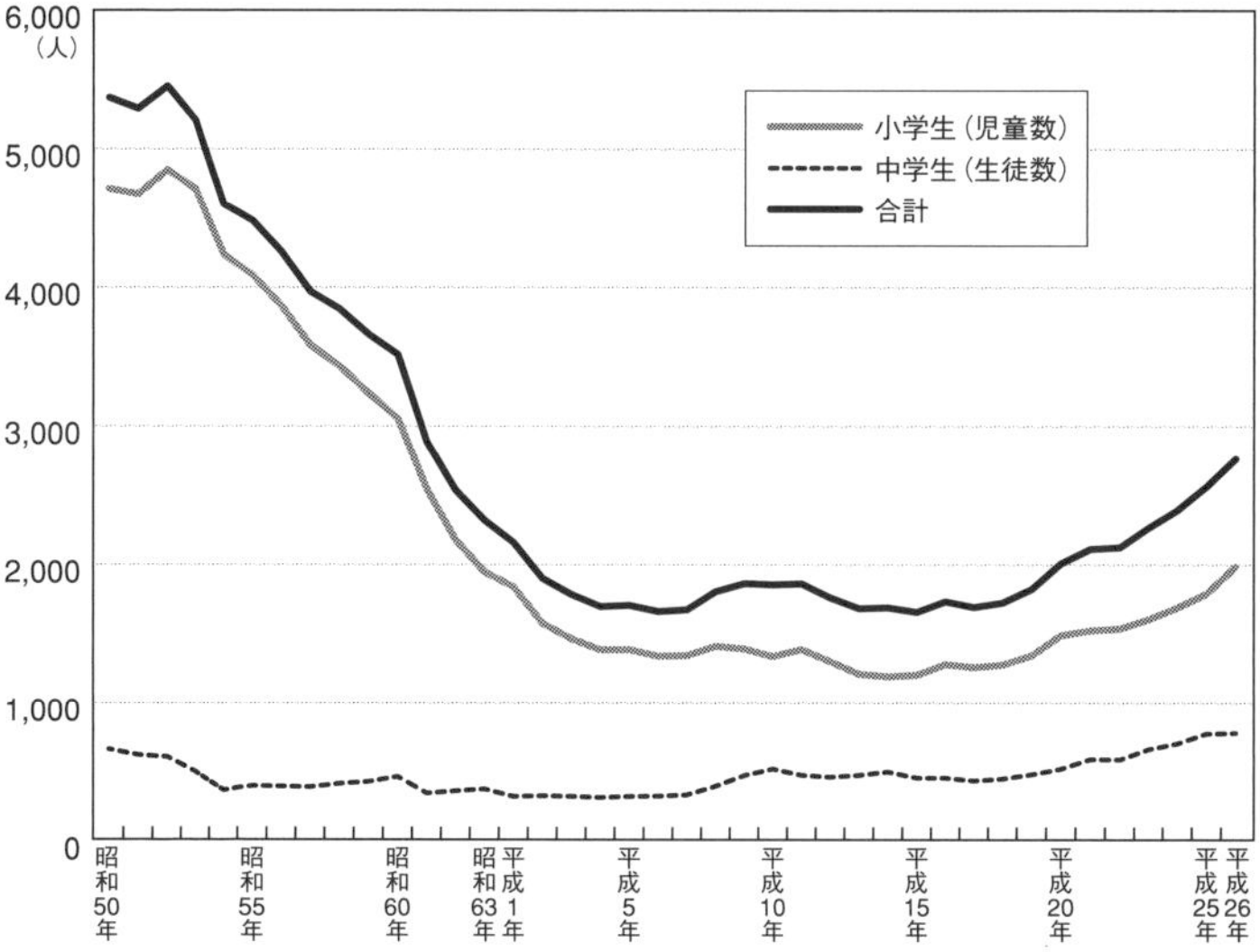

文部科学省「学校基本調査」より

おわりに

「こんな子どもたちがいることを知ってほしい！」

そんな願いから、子どもたちの言葉を吹き出しに残したり、詩にしたりしてきました。そして、それらを授業や講義、講演や書籍などで多くの方にお伝えしてきました。

しかし、今はちょっと違います。もちろん「知ってもらいたい」という気持ちはあります。でも今はそれ以上に、話をさせていただくことが、「私自身のケアになっている」ことに気づきました。楽しい、うれしい思い出もたくさんあります。ただ、悲しい、苦しい感情もたくさん残っています。人には、「どんな感情も大切にしてください」とお伝えしつつ、自分の感情はそれほど大切にできているのだろうかと思うこともあります。子どものモデルになれているだろうかと。

そんななかで、このような機会をいただき、私の中にあるものを語らせていただき、そのことを受け取ってくださる方がいるということに、どれだけ救われているか。

本当に、ありがたいことだと感じております。今回、杉田氏、石井氏、松永氏、河村氏ほか多くの方々のご尽力により、『教育ジャーナル』に連載中の「あかはなそえじの『ひとりじゃないよ』」の3年分を1冊の本として、まとめていただくことになりました。

あらためて読み返してみると、世の中の変化や自分自身の変化にも気づかされました。

2009年日本テレビのドラマ『赤鼻のセンセイ』に協力させていただき、2011年にはNHK総合のドキュメンタリー『プロフェッショナル　仕事の流儀「涙も笑いも、力になる」』に出演させていただきました。このことは、病弱教育や院内教育について広報係を命じられたと考えてきましたが、新聞、雑誌、テレビなどで病気を抱えた子どもたちの教育について、関心を持ってくださる方が確実に増えてきています。とてもうれしいことです。

現在は、大阪市鶴見区に「こどもホスピス」（子どもホスピスプロジェクト）の活動に参加しております。この活動は、東京・横浜・福岡・北海道にも広がっています。

これからも、病気を抱えた子どもたちも含めて、みんなが支え合って生きていけるよう、共生社会の担い手を育むお手伝いをしていきたいと思います。

25年間、東京都の小学校教員としてお世話になりました。院内学級で一緒に担任をしていただいた同僚にも感謝しております。さいかち学級にかかわり続けるために、転職を受け入れていただき、病気による困難を抱えた子どもやそのご家族の頑張りを、全国各地にお伝えする活動を応援してくださっている昭和大学の方々、病院のスタッフにも感謝をしております。

私が、この仕事を続けるための支援やご指導をいただいている方々。そして、なによりも学級で出会った子どもたちやご家族に、心より感謝をしております。また、匿名で詩や言葉を伝えることを許可してくださった方々にもお礼をお伝えします。

最後に、赤鼻をつけた夫を、父親を支えてくれる妻と娘たちにも、ありがとうを伝えたいです。

今、私自身が「ひとりじゃない」ことをかみしめています。

みなさん、どうもありがとうございました。これからもどうぞよろしくお願いいたします。

副島賢和＠あかはなそえじ

KJ
教育ジャーナル選書

あかはなそえじ先生の ひとりじゃないよ

ぼくが院内学級の教師として学んだこと

2021年3月1日　第11刷発行

著者／副島賢和
発行人／甲原 洋
編集人／木村友一
編集／石井清人

発行所／株式会社 学研教育みらい
〒141-8416 東京都品川区西五反田2-11-8
発売元／株式会社 学研プラス
〒141-8415 東京都品川区西五反田2-11-8
印刷・製本所／中央精版印刷株式会社

●協力者一覧
表紙・本文撮影／小澤正朗
表紙デザイン／宮塚真由美
編集協力／松永もうこ、河村啓介、小林勝子、
松岡ひろみ、丸山優子

この本に関する各種お問い合わせ先
●本の内容については、下記サイトのお問い合わせフォームよりお願いします。
https://gakken-kyoikumirai.co.jp/contact/
●在庫については Tel 03-6431-1250（販売部直通）
●不良品（落丁、乱丁）については Tel 0570-000577
学研業務センター 〒354-0045 埼玉県入間郡三芳町上富279-1
●上記以外のお問い合わせは Tel 0570-056-710（学研グループ総合案内）
【文書の場合】
〒141-8418 東京都品川区西五反田2-11-8
学研お客様センター「あかはなそえじ先生の　ひとりじゃないよ」係

●ふんわりうさぎフォント使用

この本は、次のように環境に配慮して制作しました。
CTP方式、環境に配慮して作られた紙